LE MÉTAVERS, C'EST QUOI ?

Maxime Samain

LE MÉTAVERS, C'EST QUOI ?

Tout savoir sur la prochaine révolution technologique

MARDAGA

B-1160 Bruxelles (Belgique)
www.editionsmardaga.com

Coordination éditoriale : Cindy Gravier et Laura Vanham
Illustration de couverture : © max-kegfire / iStock by Getty Images
Design de couverture : Emmanuel Bonaffini
Maquette intérieure : Carine Thurion – CW Design

Dépôt légal : 2023/0024/4
ISBN papier : 9782804724573
ISBN numérique : 9782804724580

Achevé d'imprimer en France en janvier 2023
sur les presses de l'imprimerie Dupliprint à Domont (95).
N° d'impression : 2023013155.

Sommaire

Préface

Le métavers (ou *metaverse*, en anglais) est le « *buzz word* » du moment largement diffusé par les médias depuis l'annonce de Mark Zuckerberg, en octobre 2021, de renommer son entreprise Facebook en Meta et de lancer son métavers *Horizon Worlds*, la « plate-forme informatique du futur » qui permettra de passer du temps avec ses amis, travailler, jouer, apprendre, faire du shopping, créer et plus encore.

Le métavers, souvent présenté comme la nouvelle itération d'Internet, repose sur les technologies immersives (réalités virtuelle, augmentée et mixte), le Web 3.0, la blockchain, les cryptomonnaies et les NFT. Il fait référence à la fois aux mondes virtuels et à l'infrastructure qui régit ces mondes virtuels.

Qu'ils soient dédiés aux jeux vidéo, aux réseaux sociaux ou au travail collaboratif, les métavers intéressent beaucoup les sociétés, les marques, les grands acteurs technologiques qui projettent un nouvel Eldorado de conquête de clients mais inquiètent également les États et les régulateurs qui anticipent dès à présent des risques autour de la souveraineté numérique, la protection des données et des individus, l'éthique, le droit à l'intimité, le libre arbitre, la santé et l'écologie.

Plus on s'intéresse au métavers, plus le sujet paraît complexe et donne le vertige. Heureusement, des auteurs permettent de démystifier, décrypter et vulgariser le sujet, comme Maxime Samain, pour appréhender cette nouvelle révolution technologique. Son ouvrage permet de comprendre les origines du mot, du paradigme, des principaux acteurs qui façonnent le futur, mais également les cas d'usage dans différents secteurs, et enfin les enjeux et les risques associés à cette nouvelle technologie émergente.

Cet ouvrage vous permettra de vous immerger et de vous projeter dans le monde de demain ! Avec votre avatar 3D, vous naviguerez bientôt à travers les mondes virtuels pour assister à des concerts, participer à des réunions, pratiquer du sport avec vos amis ou acheter des biens virtuels. La réalité virtuelle deviendra pour vous une nouvelle réalité offrant des expériences et des interactions sociales complémentaires à la vie réelle.

Bon voyage dans les métavers !

Vincent Tessier

Consultant XR et expert métavers
Exploitant de CINEVR, un cinéma virtuel dans le métavers
Administrateur de France Immersive Learning
Membre du Conseil national de la XR

Introduction

Il devrait constituer le futur d'Internet, rassembler toutes nos interactions numériques et nous immerger dans des mondes virtuels aux possibilités infinies. Lui, c'est le fameux métavers. Vous entendez ce mot depuis plusieurs mois, dans beaucoup de conversations, et les médias l'évoquent régulièrement depuis que Facebook est devenu Meta dans l'objectif de se transformer en entreprise du métavers en investissant, dès 2022, 10 milliards de dollars par an.

Qui dit innovation technologique dit méfiance, légitime ou non, du grand public, mais dit également confusion sur le concept en lui-même. Par manque d'information, qui n'est parfois simplement pas disponible tant le concept n'est pas encore abouti, par manque d'intérêt aussi ou de lassitude face à la marche forcée technologique que subit l'humanité. « Encore une technologie de plus, en quoi est-elle réellement innovante ? », « C'est juste un nouveau gadget », « Je ne veux pas passer mon temps dans le virtuel »… Autant de phrases entendues quotidiennement ces derniers mois lors de la préparation de cet ouvrage. Et pourtant, malgré la défiance, le métavers s'annonce bel et bien comme la prochaine grande révolution technologique. Du type de celles qui naissent tous les trente ans. La dernière en date était l'arrivée d'Internet, et c'est donc assez logiquement que le métavers est présenté comme le futur d'Internet et l'Internet du futur. Une évolution qui semble représenter une certaine forme de continuité puisque l'on parle d'une version améliorée d'Internet, mais qui est accompagnée de son lot de ruptures, notamment au niveau des usages, des codes, des standards technologiques et de l'impact sur le monde réel.

Toute nouvelle technologie doit être démystifiée, vulgarisée et décomposée pour que tout un chacun puisse la comprendre, l'appréhender à sa façon et éviter de la subir. S'intéresser aujourd'hui au métavers, c'est éviter de répéter les erreurs commises par le passé. Nous devons par exemple tirer les enseignements de notre difficulté persistante à réguler tout ce qui touche à Internet pour anticiper le métavers et les entreprises qui le feront naître.

Voulons-nous d'un univers ouvert, où les utilisateurs sont maîtres de leurs données et du contenu, ou d'un univers fermé, régi par une dizaine d'entreprises américaines et chinoises ? Car les problèmes issus de notre utilisation d'un espace comme Internet ne disparaîtront pas avec l'apparition d'un nouvel univers virtuel aux possibilités immenses. Nous ne changerons pas. C'est le moyen de communication, le nombre d'interactions et le type de ces dernières, qui va évoluer et sensiblement augmenter.

Les problèmes de régulation et d'éthique que posent les espaces numériques à nos sociétés aujourd'hui, les manipulations politiques et dérives sociétales, le vol, le piratage, l'usurpation d'identité, la disparition de l'intime et du libre arbitre seront démultipliés avec l'avènement du métavers. Il faut s'y préparer et assurer un cadre qui permette à la technologie de se déployer au service de ses futurs utilisateurs. La notion de décentralisation, remise au goût du jour par la technologie blockchain, qui permet un contrôle par ses utilisateurs et une traçabilité des actions, pourrait jouer un rôle majeur et éviter une concentration trop importante du pouvoir entre quelques acteurs qui auraient compris plus vite que d'autres l'importance des enjeux.

Nous vivons donc un momentum absolument crucial. Il faut comprendre et décrypter ce qu'est le métavers dès maintenant pour en maîtriser les enjeux qui sont aussi technologiques que sociétaux. C'est l'objectif de cet ouvrage.

Pour l'instant, l'appellation « métavers » et ce qui en est dit ressemble plus à un fourre-tout des technologies les plus en vogue, mais le métavers sera bien plus que cela, d'autant plus s'il est cocréé et devient un véritable espace commun. Si, à l'inverse, nous laissons un Facebook (Meta) prendre la main, accaparer cet univers et le façonner à notre place, la fin de l'histoire est connue d'avance et sera à base de monopoles, de données commercialisées et de biais technologiques et idéologiques.

Il est à ce stade difficile de prédire à quoi ressemblera effectivement le métavers à son apogée, mais cet ouvrage a pour objectifs d'exposer les connaissances actuelles sur le sujet, de tenter de définir un concept encore flou pour le grand public, de dévoiler les indispensables à l'avènement de cette révolution technologique, de tracer les contours de ses conséquences sur le monde réel et nos interactions numériques, de poser les questions sur la régulation d'un tel espace et d'ouvrir la réflexion philosophique qu'entraîne la création d'un monde parallèle au monde réel.

Le rôle des utilisateurs sera prépondérant dans la construction, l'adoption, l'utilisation, la pertinence et, *in fine*, l'impact sur le monde réel de ces univers virtuels. Pour jouer ce rôle, il nous faut non pas embrasser avec béatitude cette nouvelle technologie, mais la faire sienne et donc se l'approprier. Soyons acteurs du métavers et pas de simples spectateurs.

Pour que l'utopie l'emporte sur la dystopie.

Chapitre 1

De la science-fiction au réel

Pour comprendre où l'on va, il faut savoir d'où l'on vient. Le concept de métavers n'est pas né lorsque Facebook a décidé de changer son nom en Meta, en octobre 2021, et de se définir comme une entreprise du métavers. Depuis cette date, le mot est partout et utilisé à toutes les sauces, certes, mais il avait déjà bien vécu avant que le fondateur de Facebook, Mark Zuckerberg, n'en fasse la nouvelle raison d'être de son entreprise.

C'est l'auteur américain de science-fiction Neal Stephenson qui l'a popularisé lors de la sortie en 1992 de *Snow Crash*, sorti en français sous le titre *Le samouraï virtuel*. Ce livre, qui a révélé Neal Stephenson au grand public, a marqué nombre d'entrepreneurs technologiques comme Jeff Bezos, le fondateur d'Amazon, les créateurs de ce qui deviendra plus tard Google Maps ou encore ceux de la société Magic Leap, une référence dans le secteur de la réalité virtuelle. Tous en ont fait leur bible et l'évoquent régulièrement comme étant une vision prémonitoire de leurs entreprises.

Dans son ouvrage, l'auteur décrit un monde dystopique où les sociétés technologiques domineraient le monde. Le métavers y est présenté comme un prolongement virtuel de la société où les individus, dont le héros Hiro, se réfugient pour échapper à leur quotidien morose et devenir ce qu'ils désirent, sous la forme d'un personnage virtuel qu'ils créent, un avatar. Pourtant, au moment de la sortie du livre, Internet en est encore à ses balbutiements et les géants technologiques d'aujourd'hui portent encore des couches-culottes. Il n'y a qu'un million d'ordinateurs connectés et le *World Wide Web* a été officiellement annoncé un an plus tôt. L'auteur et inventeur du mot expliquera, dans les annexes d'une réédition de *Snow Crash* en 1996, avoir inventé les mots « avatars » et « métavers » après « avoir décidé que les expressions existantes ("réalité virtuelle", par exemple) étaient inadéquates[1] ».

La littérature de science-fiction est une source d'inspiration constante pour le secteur technologique. On retrouve déjà un concept que l'on pourrait qualifier de « pré-métavers », quarante ans plus tôt, dans l'ouvrage du célèbre auteur du genre Philip K. Dick *The Trouble with Bubbles*. L'histoire se déroule dans un futur où l'humanité a tenté d'atteindre d'autres formes de vie intelligente par le biais de l'exploration spatiale, mais n'a rien trouvé. Pour répondre à ce désir ardent d'entrer en contact avec d'autres formes de vie, les gens peuvent acheter une bulle en plastique appelée « *Worldcraft* », dont le slogan est « *Own your own world* ». Le propriétaire du *Worldcraft* est capable de créer un univers entier, en contrôlant toutes les variables inhérentes à son développement.

Difficile de ne pas évoquer également *Ready Player One*. Le roman de l'auteur américain Ernest Cline, paru en 2011, a dépeint ce qui se rapproche probablement le plus de ce que pourrait être le ou les métavers dans lesquels nous pourrions bientôt évoluer. Adapté sous le même titre avec succès au cinéma en 2018 par Steven Spielberg, il met en scène Wade Owen Watts et son avatar Parzival, un jeune geek qui habite dans la caravane de sa tante et cherche à échapper à son quotidien dans un monde dévasté par la pauvreté, les ravages du dérèglement climatique et contrôlé par des multinationales technologiques. Son refuge, c'est l'OASIS, un monde virtuel aux limites infinies auquel on se connecte grâce à un casque de réalité virtuelle (VR) et des gants à retour haptique, qui permettent de ressentir ce que l'on touche. L'OASIS est un monde virtuel créé par James Halliday. Lorsqu'il meurt, il promet son immense fortune à la première personne qui découvrira un œuf de Pâques numérique – les fameux *Easter Eggs* sont des bonus cachés au sein des jeux vidéo.

Une fois connecté à ce monde virtuel, on y apparaît sous la forme d'un avatar de son choix. Plutôt conçu comme un jeu de rôle à la base, l'univers est devenu au fil des ans et des utilisations une véritable société avec ses codes et sa hiérarchie, et s'est transformé en un exutoire pour ses milliards de participants en provenance du monde entier qui viennent y vivre une nouvelle vie. On peut y jouer, rencontrer des gens, acheter des biens numériques pour son avatar, se cultiver, aller danser et passer d'un monde virtuel à un autre en quelques millisecondes.

Toutes ces descriptions et évocations du métavers avant qu'il ne voie le jour ont un point commun : elles sont dystopiques. Elles partent du principe qu'un tel univers virtuel ne pourrait exister que par opposition à l'enfer que représenterait le monde réel. Le métavers y est toujours présenté en exutoire face à un monde devenu invivable. Pourtant, rien ne prédit que le métavers qui est en train de voir le jour le sera par opposition au monde dans lequel nous vivons. Il est même régulièrement évoqué comme un complément, une extension de nos activités dans le monde réel.

Une deuxième vie pas si neuve

Le métavers n'est pas un concept neuf. Vous l'avez peut-être même pratiqué sans le savoir. Le concept d'une vie virtuelle parallèle a vraiment pris corps avec le jeu *Second Life* commercialisé en 2003. Ce jeu est une forme de métavers avant l'heure. Ce qui a marqué à l'époque est le principe que ce que l'on retrouve dans le jeu a été construit par ses utilisateurs et non par l'éditeur du jeu Linden Lab. Au contraire de l'ultra-majorité des jeux vidéo de l'époque, il n'y a pas d'objectif à atteindre ou de quête, chacun y fait ce qu'il veut et construit sa vie numérique comme il l'entend au sein d'un univers où le champ des possibles paraissait pour l'époque presque infini. Chaque utilisateur possède un avatar qu'il modèle à sa guise.

Certains déambulent dans ce monde virtuel pour simplement découvrir des lieux où rencontrer des gens, quand d'autres décident de construire des villes entières ou se marient dans le jeu avec un autre avatar pour y mener réellement une double vie. Des mégalopoles, des entreprises qui tentent d'y exister, des concerts d'artistes bien réels, des amitiés et des amours, une monnaie numérique, tout y était déjà en 2003. Malgré l'absence de réalité virtuelle et son atout d'immersion, *Second Life* est tout de même considéré comme l'un des métavers avant l'heure.

Au faîte de sa popularité, en 2007, le jeu n'avait pas moins d'un million d'utilisateurs actifs, de résidents, comme s'appellent eux-mêmes les utilisateurs du jeu, par mois. L'arrivée de Facebook à cette époque coïncide avec une lente érosion de son nombre d'utilisateurs. Le jeu est aujourd'hui toujours actif et compte encore des centaines de milliers d'utilisateurs. Il a même connu un regain d'intérêt lors des confinements successifs imposés par la pandémie de Covid-19. Le fondateur de *Second Life*, Philip Rosedale, a même annoncé au printemps 2022 une nouvelle version plus immersive du jeu qui serait potentiellement disponible sur smartphone, mais toujours sans réalité virtuelle. Dans la décennie 2000, on présentait *Second Life* comme le futur de nos interactions numériques et d'Internet. Il est assez cocasse d'observer que ce sont les mêmes mots qui sont utilisés pour décrire le métavers.

Alors que la popularité des réseaux sociaux explose, un autre jeu vidéo que l'on peut qualifier de « pré-métavers » va marquer la décennie suivante : *Minecraft*. D'un jeu vidéo sans prétention développé en dilettante par Markus Persson, connu sous le pseudo Notch, *Minecraft* est devenu l'un des plus gros jeux vidéo de l'Histoire. *Minecraft* est un univers de blocs dans lequel le joueur peut construire tout ce qu'il veut et de manière illimitée. Deux aspects qui lui confèrent ce statut de précurseur du métavers. Il est important de noter que la notion de bâtir revient systématiquement dans ces univers virtuels associés au métavers. D'abord publié en 2009 de façon confidentielle à l'attention d'une communauté de joueurs restreinte, le jeu va connaître une popularité inattendue, si bien que, lors de sa sortie officielle en 2011, il compte déjà plus de 10 millions de joueurs actifs. Racheté en 2014 par Microsoft pour 2,5 milliards de dollars, *Minecraft* comptait en 2021 plus de 140 millions de joueurs actifs par mois faisant du royaume des blocs le deuxième jeu vidéo le plus vendu de tous les temps, derrière *Tetris*. Les blocs virtuels ont la cote, surtout chez les plus jeunes.

Mais deux plates-formes, qui nous intéressent pour comprendre ce que sera le métavers demain et ce qu'il est déjà aujourd'hui, affolent les statistiques auprès des pré-adolescents. La première, c'est *Roblox*. La génération née avec un écran en main en est fan, car *Roblox* permet de réaliser le fantasme de tous les amoureux du *gaming* : construire son propre jeu. Le tour de force de *Roblox* est d'être devenu en quelques mois la marque de jeux vidéo la plus populaire au monde sans avoir jamais conçu le moindre jeu vidéo elle-même. C'est même en réalité tout l'intérêt de la plate-forme et ce qui en a fait son succès actuel, avec plus de cinquante millions d'utilisateurs actifs par mois. Les jeux les plus populaires sont ceux de courses d'obstacles (*Obbys*), de simulation (*Tycoons*), de tir ou encore de résolution d'énigmes. *Roblox* existe depuis plus de quinze ans, mais n'a commencé à se faire connaître du grand public qu'au cours des trois dernières années.

Dernière plate-forme de jeu vidéo qui se doit d'être mentionnée ici comme étant un avant-goût du métavers, en tout cas pour sa partie jeu vidéo et relationnelle, c'est *Fortnite*. Véritable phénomène de génération, le jeu produit par le studio californien Epic Games, qui se joue aussi bien sur console que sur smartphone, est autant un jeu de construction que de survie. Il n'y a qu'une seule carte qui est une île et les joueurs débutent tous avec une pioche qui leur permet de combattre, d'ériger des protections autour d'eux ou de détruire celles de leurs opposants. Sur la plate-forme Twitch, qui permet de diffuser en direct sa partie de jeux vidéo, *Fortnite* est le quatrième jeu le plus regardé en 2021, avec un milliard d'heures visionnées.

Les différents noms cités ci-dessus feront partie de l'aventure métavers à n'en pas douter. Ce n'est pas un hasard s'ils sont tous dans le secteur du *gaming*, car c'est l'un de ceux les plus actifs et les plus avancés technologiquement. C'est aussi un secteur où l'adoption de la réalité virtuelle est beaucoup plus importante que pour les réseaux sociaux ou le travail, par exemple.

Définition et confusion

Pour définir quelque chose qui n'existe pas encore complètement et qui n'a clairement pas encore dévoilé tout son potentiel, il est nécessaire de reprendre les bases du concept. Le mot « métavers » – originellement *Metaverse*, en anglais – est une contraction de « méta » et « univers ». Dans ce super univers, on retrouve plusieurs mondes virtuels, comme des jeux vidéo ou des réseaux sociaux – ils sont chacun un métavers –, des interactions entre les membres de chaque monde représentés sous la forme d'avatars, une immersion complète grâce à la 3D, la réalité virtuelle et/ou augmentée, sans oublier la base indispensable : une connexion Internet haut débit.

Tous ces univers connectés ensemble forment le grand métavers qui devrait véritablement voir le jour dans les prochaines années. L'interopérabilité entre les différents mondes étant l'une des clés de son succès et de sa pertinence.

Le métavers est donc défini, pour le moment, comme un ensemble d'univers virtuels immersifs – l'adjectif a toute son importance – connectés entre eux et accessibles aux individus via une connexion Internet haut débit et dans lequel ils seront représentés par un avatar. Pour que cet univers soit réellement immersif, il doit être en 3D et accessible via un casque de réalité virtuelle et/ou augmentée. Ce n'est pas pour rien si Facebook s'est emparé en 2014 de la société Oculus, spécialisée dans la fabrication de casques de réalité virtuelle.

Lorsque l'on tentait de décrire Internet à ses débuts, dans les années 1990, on parlait d'« autoroute de l'information » ou de la « Toile ». Un quart de siècle plus tard, Internet est devenu bien autre chose qu'une autoroute de l'information. La maturité des différentes technologies impliquées dans la construction du métavers et le potentiel du concept étant encore peu découvert font que cette définition généraliste ne rend pas forcément compte de ce qui nous attend d'ici à quelques années. Elle entraîne une confusion qui peut amener à penser que le métavers n'est qu'un catalogue de jeux vidéo en réalité virtuelle ou un *Second Life* amélioré. Elle est pertinente pour ce qui existe aujourd'hui et existera d'ici peu et permet surtout de recenser les attributs qui composent le ou les métavers.

Dans son livre *The Metaverse and Why It Will Revolutionize Everything*, Matthew Ball, CEO de Epyllion, ancien directeur de la stratégie d'Amazon Studios et contributeur au *New York Times*, *The Economist* et *Bloomberg*, propose l'une des définitions les plus abouties à ce jour. Malgré le stade précoce du concept, il propose de définir le métavers de cette façon :

> *Un réseau massivement étendu et interopérable de mondes virtuels 3D rendus en temps réel qui peuvent être expérimentés de manière synchrone et persistante par un nombre illimité d'utilisateurs avec un sens de présence individuel et avec une continuité des données, telles que l'identité, l'historique, les droits, les objets, les communications et les paiements*[2].

Exhaustive et très précise, cette définition rassemble tous les éléments clés de ce que devrait être le grand métavers d'ici à quelques années et permet de mettre des mots sur un concept encore peu tangible. Elle est en tout cas complète et pertinente à ce stade, mais il y a fort à parier que cette définition évoluera au cours des prochaines années, car le métavers en tant que concept, technologie et innovation reste encore loin d'avoir montré tout son potentiel.

Chapitre 2

La recette du métavers

Pour que le métavers tienne les promesses placées en lui au niveau de l'expérience utilisateur et devienne le futur d'Internet, il faudra pouvoir compter sur des éléments indispensables. Depuis plusieurs années, des univers et mondes virtuels sont créés. Que ce soit un jeu vidéo, un espace de travail virtuel, des réseaux sociaux, une formation à distance ou de la spéculation immobilière sur des terrains virtuels, ces univers existent déjà. Peut-être pas tous dans une forme aboutie ou entièrement satisfaisante à l'usage, mais ils existent. La clé de voûte du grand métavers sera l'interopérabilité entre ces différents univers virtuels. Elle devra, par exemple, permettre de basculer en un geste de *Horizon Worlds*, le métavers de Meta, pour parler à ses amis sur *Mesh*, le métavers construit par Microsoft, où l'on pourra retrouver notre environnement de travail et nos collègues.

Pour cela, il faut que les différentes plates-formes développées utilisent les mêmes standards technologiques pour communiquer, à l'image des protocoles Internet. C'est indispensable pour la fluidité de l'expérience de l'utilisateur, mais aussi pour l'envoi et la réception de données. La communication entre les plates-formes est un énorme défi, mais celui de la communication entre les plates-formes et les utilisateurs l'est tout autant, car elle doit se faire en temps réel.

Internet a été conçu pour charger et télécharger des informations, envoyer et recevoir des requêtes d'un point à un autre du réseau. Lorsque vous êtes sur Facebook par exemple, vous avez l'impression que votre fil d'actualité est en temps réel alors qu'il n'est qu'une succession de mises à jour régulières. Les mondes virtuels présents dans le métavers devront être véritablement « en temps réel » et synchrones pour un nombre d'utilisateurs pouvant aller jusqu'à plusieurs milliards au même moment. C'est aussi pour cette raison que l'on parle de la nouvelle génération d'Internet et de l'Internet du futur, car ce sont les fondements mêmes de la communication numérique et de la connectivité qu'il faut réinventer. Une tâche rendue compliquée par les entreprises impliquées actuellement dans la construction du métavers que sont les géants technologiques comme Meta, Microsoft, Nvidia ou Epic Games. Des entreprises qui sont toutes concurrentes et pas forcément volontaires pour travailler ensemble.

Réalité augmentée *vs* réalité virtuelle

D'autres standards technologiques, indispensables à l'essor du métavers, sont déjà beaucoup plus matures comme la réalité virtuelle et sa petite sœur, la réalité augmentée (AR). Arrêtons-nous un moment pour faire la distinction entre les deux, car l'adoption massive de la réalité virtuelle sera l'une des étapes importantes vers la popularisation ou non du métavers.

Imaginez-vous dans votre cuisine en train de préparer un gâteau. Pas certain de vos qualités de pâtissier, vous enfilez vos lunettes connectées et les informations concernant les étapes à suivre, les proportions, les gestes à reproduire s'affichent au fur et à mesure en superposition de ce que vous voyez déjà avec vos yeux. C'est ce qu'on appelle la réalité augmentée. Une technologie déjà utilisée par les pilotes de chasse, mais qui, après l'échec retentissant des Google Glass qui avait plus effrayé que convaincu, n'a jamais atteint le grand public. Elle conserve pourtant un grand potentiel et permet aux plus novices de passer par une étape intermédiaire avant le saut vers la réalité virtuelle. Mais restons dans la cuisine. Si vous enfilez un casque de réalité virtuelle, vous allez pouvoir vous retrouver dans la cuisine de vos rêves, on va vous faire réaliser un gâteau avec des ingrédients virtuels, vous saisirez les différents éléments à l'aide de vos gants à retour haptique, qui vous permettent de ressentir notamment la préhension des éléments que vous saisissez, et vous aurez un gâteau, certes virtuel, mais vous aurez appris comment le réaliser.

Pour résumer, il y a d'un côté la réalité augmentée, qui consiste à ajouter une couche visuelle sur la réalité, et de l'autre, la réalité virtuelle qui vous plonge dans des univers réalistes ou non, en 3D, mais fictifs. Le métavers sera de ceux-là, mais pourrait aussi être accessible dans certains cas via la réalité augmentée, particulièrement pour des formations.

Même s'il a fortement baissé, le coût du matériel reste un frein à l'adoption de la technologie. Avec des casques VR qui se vendent à partir de 400 euros et jusqu'à 3 500 euros pour les plus performants, les dispositifs qui donnent accès au métavers ne sont pas à la portée de toutes les bourses. Une problématique rencontrée à chaque innovation technologique et qui devrait donc rapidement se démocratiser au fur et à mesure de son adoption et de son évolution technologique.

À la frontière des deux se trouve la réalité mixte qui pourrait jouer un rôle déterminant dans les années à venir. La réalité mixte propose une fusion des mondes physiques et numériques et rend possible les interactions 3D intuitives et naturelles entre l'humain, l'ordinateur et l'environnement. Cette « nouvelle » réalité est basée sur les progrès réalisés dans les domaines de la vision par ordinateur, du traitement graphique, des technologies d'affichage, des systèmes de saisie et du *cloud computing*[a]. Le terme «réalité mixte» a été introduit dans un article de 1994, de Paul Milgram et Fumio Kishino, «A Taxonomy of Mixed reality Visual Displays», qui explorait le concept d'un continuum de virtualité et la taxonomie des affichages visuels. Leur vision s'est matérialisée quelques années plus tard d'abord avec l'échec des Google Glass mais aussi ensuite avec le succès du casque HoloLens de Microsoft et peut-être en 2023 avec un casque fabriqué par Apple. La réalité mixte présente l'avantage de ne pas couper complètement l'utilisateur du monde réel tout en lui proposant une expérience immersive.

La 3D

Le métavers sera en 3D ou ne sera pas. S'il n'est pas en 3D, on ne parle plus de métavers, mais d'Internet tel qu'on le connaît aujourd'hui. La caractéristique tridimensionnelle du métavers est indissociable de son existence et de sa réussite.

Au début de l'adoption d'Internet dans les années 1990, les internautes utilisaient du texte pour s'identifier et se représenter, car le Web de ces années-là était composé quasi exclusivement de texte. Les utilisateurs étaient de ce fait représentés par une adresse mail ou un pseudonyme. À partir du début des années 2000, les ordinateurs personnels étaient capables de stocker de plus grandes quantités d'information et l'évolution des vitesses de téléchargement et de chargement a permis aux utilisateurs de cette technologie de se représenter avec une photo de profil ou un avatar basique dans une résolution assez faible. Ensuite, c'est l'ère des réseaux sociaux qui est arrivée, avec une surreprésentation

---

[a] Le *cloud computing* est une pratique consistant à fournir des services informatiques à distance, en les hébergeant dans un ou plusieurs centres de données externes plutôt que sur des serveurs dédiés sur place.

de l'individu, en photos, en vidéos, parfois même en direct avec des réseaux plus récents comme Snapchat et TikTok. Cette évolution de la représentation des individus sur Internet montre que la 3D serait la prochaine étape logique dans l'évolution d'Internet. Une représentation qui reprend les codes des avatars des années 2000 avec une couche technologique qui leur donne vie.

La 3D sera aussi très importante dans l'émergence de certains types d'univers professionnels. Des lignes entières de production sont déjà en train d'être reproduites dans le métavers pour former de façon moins coûteuse et plus rapide des centaines de milliers d'employés de grandes entreprises du secteur automobile ou pharmaceutique. La pandémie de Covid-19 a, à ce niveau-là, été un vrai accélérateur d'adoption à la fois des univers virtuels, professionnels et de loisirs, mais aussi d'univers d'éducation.

Au Japon, certains cursus vont désormais se faire entièrement dans le métavers. Près de trois mille étudiants japonais ont déjà fait leur rentrée des classes dans le métavers en 2022. Les cours, formations ou réunions à distance n'ont pas convaincu tout le monde lors des confinements successifs, mais la 3D va changer la donne. L'immersion imposée par un casque de réalité virtuelle force une concentration bien plus importante que lors d'un appel sur Zoom ou une formation dans Teams, où l'on décroche après une demi-heure d'un écran presque statique. Lorsque l'utilisateur a enfilé son casque, impossible d'être distrait par les notifications de son smartphone ou de détourner le regard de ce qui est projeté dans le casque.

La qualité de l'expérience en temps réel

Pour rendre le métavers attirant pour ses futurs utilisateurs, il faut donner du réalisme à l'expérience et aux interactions. Cela implique notamment de proposer un rendu en temps réel. Avec l'évolution des technologies de visualisation, l'utilisateur s'attend à trouver dans le métavers des univers plus réalistes les uns que les autres pour être réellement immergé. Le rendu en temps réel, c'est le processus de génération d'un objet ou d'un environnement (ici en 3D) à l'aide d'un programme informatique. Ce programme doit résoudre plusieurs équations à multiples entrées dont le résultat va déterminer ce qui est montré, quand et à quelle échelle. Les avancées de ces dernières années permettent aujourd'hui de disposer d'une puissance de calcul plus importante et donc de résoudre des équations plus complexes comprenant plus de données et permettant un rendu en temps réel. Finalement, c'est le rendu qui va être amélioré et, par conséquent, l'expérience et le sentiment d'immersion de l'utilisateur. Sans un rendu en temps réel, la taille et l'apparence des mondes virtuels qui composent ou vont composer le métavers seront très limitées, tout comme le nombre d'utilisateurs capables de les fréquenter simultanément. Si le rendu n'est pas « en temps réel », cela signifie qu'il faudra avoir imaginé tous les scénarios et séquences possibles d'un utilisateur avant qu'il ne les fasse. Ce type de technologie existe et vous l'utilisez tous les jours ou presque avec Google Street View. Vous l'avez déjà constaté, vous ne pouvez pas faire ce que vous voulez dans la carte définie par Google et les angles de vue sont très limités. Sans rendu en temps réel, le métavers ressemblera à cela et ne devrait pas convaincre grand monde.

La synchronisation

Les attentes techniques par rapport aux mondes virtuels sont énormes. À force d'annoncer le futur d'Internet, les entreprises fondatrices des prémices du métavers se sont quelque peu tiré une balle dans le pied. Pour rendre le rêve de science-fiction réel, il faudra que les mondes proposés répondent en temps réel à nos commandes et requêtes, soient persistants, c'est-à-dire qu'ils continuent d'évoluer lorsque nous quittons l'univers, pour que nos données ne soient pas effacées systématiquement et qu'elles voyagent d'univers en univers, mais ces mondes devront aussi être synchrones. Pour que les univers soient synchrones, leurs utilisateurs devront avoir chacun une connexion Internet haut débit capable de transmettre de grandes quantités de données avec peu de latence et sans interruption. Internet n'a pas été conçu pour permettre des expériences virtuelles de façon synchrone, mais plutôt sous le principe d'envoi et de réception permanents de données, de façon non continue. Ici, il va falloir trouver une solution pour permettre une continuité dans l'échange de données qui crée un flux de transmission permanent des données entre l'utilisateur et la plate-forme à laquelle il est connecté.

Autant l'évolution du matériel, comme les casques de réalité virtuelle et leur essor auprès du grand public, sera déterminante dans l'avènement ou non du métavers, autant le développement et la capacité des réseaux Internet à proposer au plus grand nombre de personnes une expérience synchrone et persistante du métavers à un prix abordable seront encore plus déterminants dans l'essor du métavers dans les décennies à venir.

La blockchain et les mystérieux NFT

Le concept de métavers a le chic de rassembler toute une série d'innovations technologiques plus ou moins récentes. Certaines tardent à convaincre le grand public, comme la réalité virtuelle, alors que d'autres connaissent un intérêt fulgurant. C'est le cas des NFT. Cet acronyme est au cœur de l'actualité depuis plusieurs mois maintenant, entre ventes records, spéculation et effet de mode.

Un NFT, c'est littéralement un « *non fongible token* ». Il s'agit d'un jeton non fongible qui est un certificat de propriété et d'authenticité d'une œuvre numérique que vous pouvez acheter en ligne. Non fongible, cela signifie qu'il est unique et ne peut être échangé. À l'inverse, un euro est fongible – vous pouvez l'échanger contre un autre euro, et vous aurez exactement la même chose. Les NFT sont basés sur la technologie blockchain, ce qui signifie qu'on peut certifier à qui ils appartiennent et les tracer. Pour rappel, la technologie blockchain est celle sur laquelle se basent les cryptomonnaies et que l'on peut comparer un gigantesque registre d'informations[3].

La blockchain est une technologie qui permet de stocker et transmettre des informations de façon sécurisée, transparente et sans organe central de contrôle. Dans le monde financier, cela reviendrait à supprimer un intermédiaire comme les banques. On peut comparer la blockchain à une immense base de données dans laquelle est stocké l'historique de tous les échanges réalisés entre les utilisateurs de la blockchain – une chaîne de bloc – depuis sa création. La notion la plus importante liée à la blockchain est la décentralisation. Cela signifie que la fameuse base de données n'est pas hébergée chez un seul tiers de confiance, mais par une partie ou l'ensemble des utilisateurs de la blockchain et que chaque participant peut la consulter quand bon lui semble.

Mais revenons aux NFT. Ces derniers peuvent être associés à tout objet virtuel, qu'il s'agisse d'une image, d'une photo, d'une animation, d'une vidéo ou d'un morceau de musique, toutefois l'engouement actuel concerne surtout l'utilisation de la technologie pour vendre de l'art numérique. Dans le sens technique du terme, chaque NFT est un jeton unique sur la blockchain.

Les NFT sont devenus très populaires depuis la vente d'une mosaïque numérique de l'artiste Beeple pour 70 millions de dollars via un NFT[4]. L'heureux propriétaire peut donc se targuer de posséder le NFT de cette œuvre, son certificat d'authenticité. Un paradoxe quand on sait qu'il suffit d'un simple clic pour copier et sauvegarder une image sur Internet.

Mais quel est l'intérêt ? C'est LA grande question. Beaucoup n'y voient que de la spéculation et l'obtention d'un certificat de propriété d'une œuvre qui n'est pas tangible peut paraître vaine. Les NFT sont conçus pour vous donner quelque chose qui ne peut être copié : la propriété de l'œuvre (bien que dans le cas d'une œuvre d'art, l'artiste puisse toujours conserver les droits d'auteur et de reproduction, comme pour les œuvres d'art physiques). Vous posséderez le certificat de propriété d'une œuvre et le fichier original.

Pour comparer avec le monde physique, n'importe qui peut acheter une copie d'une peinture de Magritte et l'afficher dans son salon. Mais une seule personne peut posséder l'original. C'est la même chose en ligne, à la différence près que le nombre de copies est démultiplié et qu'il est parfois très difficile de faire la différence avec l'original.

Mais, dans un monde de plus en plus numérique, dématérialisé et décentralisé, les NFT ont de plus en plus de sens ou, à tout le moins, pourraient bientôt se révéler très utiles, notamment dans le métavers. La possession n'est plus uniquement matérielle et physique, elle devient numérique. Il faut voir les NFT comme une nouvelle version des titres de propriété et des certificats d'authenticité appliqués à tout ce qui se trouve en ligne[5]. Lorsque vous achetez un terrain immobilier dans le métavers, la seule façon de prouver qu'il vous appartient, c'est le NFT qui y est associé.

Dans le cadre du métavers, la blockchain et les NFT auront un rôle déterminant. La blockchain étant la principale technologie qui permet aux cryptomonnaies de fonctionner, elle est présente dans presque tous les univers virtuels existants qui possèdent chacun leur propre cryptomonnaie. Les NFT, de leur côté, seront les titres de propriété de tout ce que vous posséderez dans le métavers. Derrière, la notion de décentralisation qui est au cœur de la technologie blockchain devrait être au centre du futur d'Internet et donc du métavers avec la volonté de rendre le pouvoir aux utilisateurs. C'est en tout cas la vision du Web3, annoncé comme le successeur du Web 1.0 et 2.0 et qui comprendrait le métavers dans sa version aboutie.

Chapitre 3

Les différents enjeux liés au métavers

Chaque nouvelle technologie apporte son lot de questions et d'enjeux. Dans le cas du métavers, c'est encore plus complexe car sa capacité à réunir plusieurs technologies émergentes ou matures au sein de mêmes univers complexifie encore plus la chose. Sans oublier que les acteurs en présence sont déjà régulièrement la cible d'amendes et d'enquêtes pour abus de position dominante dans le secteur ou pour l'utilisation des données de leurs utilisateurs. Un cocktail détonnant.

La régulation

Comment réguler un univers qui n'existe pas encore ? La question agite les plus hauts niveaux du pouvoir politique, à commencer par les instances européennes qui, enfin, tentent actuellement de poser un cadre réglementaire clair pour toute activité numérique sur le sol européen, avec le *Digital Markets Act* (DMA), qui a pour objectif de réguler les activités des entreprises sur les marchés numériques, et le *Digital Services Act* (DSA), qui doit protéger les droits des utilisateurs européens des services numériques.

Mais ce saut dans l'inconnu avec des services et acteurs dont on ne sait que très peu de choses rend la tâche de la régulation extrêmement complexe. Cela dit, à la grande différence des services numériques actuels qui ont explosé avant d'être soumis à la moindre régulation, les discussions sur la régulation du métavers ont lieu avant son avènement, ce qui pourrait permettre une anticipation salutaire, avec par exemple un cadre législatif dans lequel ces plates-formes pourraient se créer.

Parmi les nombreux problèmes de régulation évoqués avec l'arrivée du métavers, ceux liés au cyberharcèlement et aux discours de haine obtiennent plus d'attention. À juste titre, car ils ont été au cœur des discussions concernant la régulation des réseaux sociaux ces dix dernières années. Tout porte à croire que, avec l'apparition du métavers, ses mondes infinis et ses avatars anonymes, ces abus devraient encore s'amplifier. Il existe déjà des avatars jouant le rôle de la police dans certains univers, mais les règles sont pour l'instant fixées par les éditeurs de ces univers et non par une autorité centrale. Le caractère immersif de la technologie devrait également augmenter leur impact sur les victimes. Dans une note interne datant de 2021 publiée par le *Financial Times*, le directeur technologique de Meta, Andrew Bosworth, a averti le management de l'entreprise en expliquant que le métavers pourrait devenir un environnement toxique, en particulier pour les femmes et les minorités.

Le 26 novembre 2021, une bêta-testeuse a signalé qu'elle avait été pelotée par un inconnu sur *Horizon Worlds*. Elle a publié à l'époque son expérience dans le groupe de bêta-testeurs d'*Horizon Worlds* sur Facebook. L'examen interne de l'incident par Meta a révélé que la bêta-testeuse aurait dû utiliser un outil appelé « Safe Zone », qui fait partie d'une série de fonctions de sécurité intégrées à *Horizon Worlds*. La zone de sécurité est une bulle de protection que les utilisateurs peuvent activer lorsqu'ils se sentent menacés. À l'intérieur de cette bulle, personne ne peut les toucher, leur parler ou interagir de quelque manière que ce soit jusqu'à ce qu'ils signalent qu'ils souhaitent que la zone de sécurité soit levée. Depuis, plusieurs cas de harcèlement sexuel et moral ont été rapportés, principalement dans les univers liés à Meta[6].

Même son de cloche chez Microsoft, où le vice-président, Charlie Bell, a souligné dans un article de blog que

> *les problèmes d'Internet d'hier et d'aujourd'hui – vol d'identité, tentatives de vol d'informations d'identification, ingénierie sociale, espionnage d'État, vulnérabilités inévitables – apparaîtront également dans le métavers*[7].

Ce débat sur la régulation du métavers devra aussi inclure les questions de confidentialité et de protection des données. Ces deux aspects sont indispensables pour établir un lien de confiance entre les utilisateurs et les plates-formes numériques. Preuve du potentiel toxique du métavers, Meta a dû mettre en place des dispositifs de sécurité dont, entre autres, cette fameuse « bulle de sécurité » permettant de tenir virtuellement à distance les autres utilisateurs après les plaintes pour harcèlement. Des avertissements qui inquiètent Europol, qui, dans un rapport de recommandations destiné aux forces de polices européennes, prône une présence active dès maintenant. L'agence européenne chargée de la répression de la criminalité et de la communication entre les différentes forces de l'ordre européennes explique qu'il faut

> *comprendre ce qui est en train d'être développé sera essentiel pour impliquer tous les acteurs concernés et dresser un tableau des besoins et des responsabilités des forces de l'ordre dans ces univers*[8].

Interpol, de son côté, a même créé son propre métavers pour y former des policiers directement au sein d'un univers virtuel. Car, même si le métavers n'est pas encore abouti, son côté sombre apparaît déjà avec un « DarkVerse », équivalent du Dark Web pour Internet, où les criminels en tout genre monnaient de fausses identités, des codes d'avatars volés ou des crédits volés pour acheter des objets dans les différents mondes virtuels.

Il faudra aussi établir des règles pour la concurrence entre ces entreprises, comme c'est le cas actuellement pour les services numériques sur le sol européen. Les géants du Net font tout pour essayer de coloniser le métavers avant que d'autres entreprises avec moins de moyens ou moins d'accès à la technologie ne s'y insèrent. Tout le monde va vouloir sa part du métavers, il sera donc impératif de garantir que chacun puisse y trouver sa place. L'idée d'un métavers européen fait d'ailleurs son chemin pour ne pas se retrouver dans un métavers dirigé par des entreprises américaines et chinoises. Lorsque l'on parle de régulation, les questions relatives à la souveraineté numérique ne sont jamais loin. C'est logique, car les enjeux sont colossaux.

Problème, avec le métavers, la notion de territorialité va voler en éclats. Pourra-t-on légiférer un espace par définition sans frontières ? On peut imaginer que, dans un premier temps, le droit s'appliquera en fonction du pays où sera le siège de l'entreprise propriétaire de l'univers. Et donc appliquer la régulation de ce pays pour cet univers, mais tous les pays n'ont pas la même législation Internet, il sera donc facile d'en contourner certains aspects. L'anonymat ou le sentiment d'anonymat que suscite le fait d'être représenté par un avatar devrait faire décupler le nombre d'incidents de différentes natures. À ce stade, cela ressemble à un far-west où tout est possible. Il faudra pourtant mettre des règles et à ce niveau-là, ce sont malheureusement les entreprises privées technologiques qui tiennent pour le moment la corde et pas des États de droit.

Le métavers présente à ce jour un vide juridique gigantesque. Personne n'est capable de dire à ce jour quel droit y sera appliqué. Lorsque vous achetez un terrain immobilier dans le métavers, faut-il le transcrire dans un acte notarial comme dans le monde physique ou est-ce considéré simplement comme de l'achat de lignes de codes qui répond plus du droit à la consommation et concernerait les législations en vigueur pour l'e-commerce ?

Le droit des marques est, lui, déjà plus ou moins respecté. Ces dernières sont très attentives à leur image dans le métavers et font notamment la chasse aux utilisations frauduleuses de leurs logos et de leurs produits dérivés. Pas question donc de lancer un magasin Nike virtuel pour y vendre des baskets pour les avatars d'un monde virtuel. En principe en tout cas, car, avec la multiplication des mondes, leur étendue en évolution constante et le nombre d'utilisateurs qui devrait augmenter sensiblement dans les prochaines années, il va être difficile d'avoir un œil partout. Les marques devront avoir engagé de nouveaux types d'avocats, formés aux dernières technologies et capables d'interpréter les législations actuelles dans ces nouveaux mondes en l'absence de législation *ad hoc*. Pour cela, il faudra parvenir à déterminer le lieu des infractions. Une infraction commise dans le métavers sera-t-elle associée au lieu où l'entreprise qui héberge ce monde se situe ? Et si celui-ci est situé aux États-Unis, est-ce la législation américaine qui s'appliquera ?

Des questions essentielles, surtout lorsque l'on parle de protection des données. L'Europe a pris les devants en 2018, avec le Règlement général sur la protection des données (RGPD) qui assure une meilleure protection des données et oblige les géants du Net à une plus grande transparence, mais ce règlement est arrivé plus de dix ans après l'avènement de ces plates-formes. Qu'en sera-t-il pour le métavers ?

Certains acteurs du métavers s'inquiètent déjà d'une régulation de ces espaces virtuels. De nombreux pays essaient d'anticiper la question, dont la France, qui a publié un rapport remis au gouvernement français en octobre 2022[9]. Les auteurs de ce rapport préconise une adaptation de la réglementation du RGPD aux enjeux du métavers. Une perspective qui n'enchante pas Meta, qui y voit une potentielle « entrave à l'innovation[10] ». L'entreprise américaine aimerait avoir les coudées franches pour développer son métavers, comme elle l'a expliqué dans un communiqué :

> *Afin de construire de manière responsable l'économie des métavers et de faire en sorte que ses innovations profitent au plus grand nombre possible de personnes, d'entreprises et de créateurs, il est important que les décideurs politiques fixent des règles équitables pour les technologies du Web3 qui assurent la sécurité des personnes et encouragent l'innovation*[11].

Meta aimerait surtout que les entreprises impliquées dans la création du métavers fassent la police elle-même et que les autorités de régulation n'interviennent qu'une fois le développement technologique abouti. Soit exactement ce qui s'est passé avec Internet et les réseaux sociaux. Une temporalité que ne veulent absolument pas reproduire les différents régulateurs, particulièrement européens.

La « *killer app* »

Pourquoi avez-vous eu envie ou besoin d'aller sur Internet ? Cela dépend évidemment de chaque génération. Mais lorsque les ordinateurs personnels sont arrivés dans nos vies et que le doux bruit des serveurs ADSL a envahi nos maisons, c'est parce que nous étions convaincus que le mail était une révolution. Le mail a réellement été ce qu'on appelle la « *killer app* » d'Internet, son atout décisif. Bien avant que l'on ne prenne conscience de la puissance de la révolution technologique qu'était Internet, la possibilité de communiquer presque instantanément avec le bout du monde, sans papier ni lettre timbrée, nous a convaincus.

Le métavers n'a pas encore trouvé son mail. Tout ce qu'il est possible de faire aujourd'hui dans le métavers n'est qu'une évolution ou une amélioration de quelque chose que l'on faisait déjà sur Internet. Mais rien de transcendant. Pour l'instant, l'attrait du métavers se situe surtout au niveau émotionnel. La perspective d'être qui l'on veut, de s'échapper de son quotidien, d'explorer des mondes inconnus, voilà ce qui attire. Mais, derrière l'émotion et le rêve, cela manque de concret. Pourquoi irais-je tous les jours me connecter dans le métavers ? Qu'est-ce qui va me faire ressentir ce besoin d'en être ? Pour l'instant, pas grand-chose, et c'est normal. La technologie est encore jeune, cherche ses applications les plus pertinentes et n'a pas encore réussi à dépasser le stade de la curiosité.

L'interopérabilité

Déjà évoquée dans le chapitre 1 (« La recette du métavers »), l'interopérabilité est clairement LE grand défi de cette révolution technologique. Actuellement, les univers qui constituent le métavers aujourd'hui sont des univers dissociés les uns des autres. *Horizon* pour Facebook, *Mesh* pour Microsoft, *Omniverse* pour Nvidia, *Roblox*, *Decentraland*, *Sandbox*, etc. Toutes ces entités virtuelles qui sont des métavers à part entière existent indépendamment les unes des autres. Or, le concept de métavers induit une interopérabilité entre ces différents univers pour obtenir le « vrai », le grand métavers qui rassemblerait l'ensemble des univers virtuels immersifs. Pour cela, il est nécessaire que ces plates-formes et sociétés technologiques communiquent entre elles, érigent des ponts entre leurs univers respectifs. Sans cela, le métavers n'a que peu d'intérêt pour l'utilisateur. Imaginez-vous devoir changer de navigateur ou d'appareil pour chaque site Internet ? Impensable.

À l'image des protocoles utilisés pour Internet qui font en sorte que l'ensemble des sites sont accessibles depuis un même navigateur, puisqu'ils sont développés sur les mêmes standards technologiques de communication, les univers virtuels du métavers vont devoir parler la même langue. Ce manque d'interopérabilité actuel n'a rien d'anormal, la technologie est encore jeune et se cherche autant dans son développement que dans sa finalité. Mais, tout de même, au vu de la puissance des intérêts en jeu et des acteurs en présence qui cherchent chacun à devenir les patrons du futur métavers, la question inquiète. La perspective de voir un acteur privé unique ou un duopole d'entreprise diriger le métavers n'est pas réjouissante et pose beaucoup de questions en matière de régulation, de concurrence et d'offre pour l'utilisateur.

Meta a fait un premier pas vers cette interopérabilité. Bien conscient qu'il ne pourrait pas être le seul acteur du métavers s'il voulait y attirer des milliards d'utilisateurs, Mark Zuckerberg a mis de l'eau dans son vin et a invité Satya Nadella, président et directeur général de Microsoft, et Julie Sweet, présidente et directrice générale d'Accenture, le géant mondial du conseil, à monter sur scène avec lui lors de la présentation du dernier casque de réalité virtuelle produit par Meta, à savoir le Meta Quest Pro. Ce geste symbolique est aussi accompagné d'une collaboration active avec Microsoft, avec, par exemple, l'intégration des outils de productivité de Microsoft aux appareils Meta Quest et aux expériences de travail Meta que l'entreprise a développé dans le métavers pour proposer plus que son habituelle recette de réseaux sociaux. Concrètement, Microsoft Teams sera accessible pour les utilisateurs des appareils Meta Quest et utilisateurs des espaces de travail virtuels de Meta, idem pour la suite Microsoft Windows 365 pour Meta Quest. À l'inverse, votre avatar dans l'univers de Meta pourra être utilisé dans Microsoft Teams. Un partenariat qui montre que Meta a aussi développé ses casques et ses univers en vue d'une utilisation professionnelle et pas uniquement pour du jeu ou de la socialisation qui ont fait son succès jusqu'ici.

On observe donc des premiers signes d'interopérabilité, mais qui se font pour le moment dans le but de proposer l'expérience la plus complète au départ d'un seul univers. On est encore loin d'un standard technique commun et d'un passage d'un univers à un autre d'un seul geste ou d'un seul clignement d'œil, comme cela a été imaginé par les auteurs de science-fiction tels que Neil Stephenson. Un premier pas a été franchi en ce sens avec la création du Metaverse Standards Forum, en juin 2022. Le but de cette organisation est d'arriver à faire émerger des normes pour que les différents mondes virtuels soient compatibles entre eux. Sans surprise, on retrouve dans les membres fondateurs Meta, Epic Games, Microsoft, Nvidia, Sony et Qualcomm, mais aussi des acteurs jusqu'ici peu associés au métavers dans les médias, comme Adobe, Alibaba, Huawei et Ikea. On retrouve également au sein de cette organisation le World Wide Web Consortium et le Web3D Consortium, toutes ces organisations ayant pour but de faire sauter les barrières à l'interopérabilité entre les différentes plates-formes. Si le Metaverse Standards Forum n'atteint pas son objectif, le développement du métavers sera sensiblement freiné.

La question environnementale

Si le nombre d'utilisateurs des univers qui composent ce qui existe actuellement du métavers est plutôt limité, le cabinet de conseil Gartner estime que 25 % de la population y passera déjà une heure par jour en 2025. Avec tous les prérequis nécessaires à son développement et avènement cité plus haut, le métavers devrait sans trop de surprise se transformer en un gouffre énergétique. L'impact du métavers sur l'environnement est difficilement estimable à ce stade, mais on peut raisonnablement avancer qu'il y aura un réel enjeu lié aux conséquences sur l'environnement de l'essor d'une technologie aussi gourmande en données, bande passante et stockage. La fabrication des casques de réalité virtuelle représente, elle aussi, un problème environnemental, puisqu'il faut extraire des métaux rares pour leur fabrication, comme c'est le cas pour les smartphones.

À tout point de vue, le métavers devrait être une catastrophe pour la planète. Pourtant, ses partisans – surtout les entreprises actives sur le sujet – avancent systématiquement l'argument de la limitation des déplacements. En effet, le métavers devrait réduire certains déplacements, notamment professionnels, par un usage accru des réunions et espaces collaboratifs virtuels. Difficile de réaliser le gain que cela peut représenter face à l'énergie et la capacité de calcul nécessaires pour permettre à ces univers de fonctionner correctement, mais l'argument semble un peu léger. Ces reports de déplacements devraient avoir un impact minimal dans le total du bilan environnemental du métavers. Les optimistes espèrent que les géants du Net seront arrivés à leurs objectifs de « zéro émission » carbone lorsque le métavers prendra son envol. Cela permettrait au moins de réduire l'impact des data centers qui seront un élément clé du dispositif technique derrière le métavers. Mais, à une époque où la sobriété énergétique est de mise, l'avènement d'une technologie aussi gourmande en métaux rares pour ses casques et en énergie pour faire tourner ses serveurs et stocker ses données fait mauvais genre.

Meta-verse

Le grand public a découvert le mot « métavers » le 29 octobre 2021. La veille, Mark Zuckerberg, fondateur de l'empire Facebook, avait frappé fort. Lors de l'événement Facebook Connect, l'équivalent des keynote Apple pour le groupe de réseaux sociaux, il a annoncé que son entreprise ne s'appellerait plus Facebook mais Meta. Un groupe qui comprend donc Facebook, mais aussi Messenger, Instagram, WhatsApp, les casques Oculus et Portal, sa division d'écrans connectés[b].

L'objectif dévoilé ce jour-là par le fondateur de Facebook en 2004 est clair : créer un monde virtuel qui permettra de supprimer toutes les barrières et frontières liées à la communication entre les humains. Meta veut transformer la façon dont les utilisateurs de ses outils interagissent, socialisent, achètent et jouent. Mais l'entreprise californienne n'a pas décidé du jour au lendemain de se lancer dans l'aventure du métavers, ni de faire un pivot brutal au niveau marketing et business en changeant son nom et son apparence sur un coup de dés. En réalité, l'histoire de Facebook et du métavers débute en 2014, lorsque Mark Zuckerberg fait le forcing pour s'emparer d'Oculus Rift qu'il rachèterait officiellement pour 2 milliards de dollars, mais qui lui en coûtera réellement 3 milliards, car il va tout faire pour retenir et convaincre les employés de l'entreprise de rester à bord, ce qui lui demandera de sortir son chéquier et de débourser un peu moins de 1 milliard de dollars supplémentaire. Une folie, selon les observateurs de l'époque qui voient dans les casques virtuels d'Oculus un gadget de plus pour l'adolescent Zuckerberg.

---

b Pensée à l'origine pour connecter les utilisateurs de Facebook entre eux via Messenger ou WhatsApp, la gamme des appareils Portal de Facebook ne sera bientôt plus vendue au public. Meta veut recentrer ses activités sur le métavers et ses activités initiales.

À l'époque, cette société qui fabrique des casques de réalité virtuelle n'a pas encore sorti un seul casque destiné au grand public, ses dispositifs étant réservés aux développeurs. Mais Zuckerberg a déjà en tête une idée bien précise de ce qu'il compte faire des casques d'Oculus. Véritable geek dans l'âme, il commentera le rachat en ces termes :

> *Nous voulons faire d'Oculus une plate-forme pour d'autres expériences au-delà du jeu, telles que profiter d'un siège bien placé lors d'un match, étudier dans une salle de classe ou créer une consultation médicale en réalité virtuelle [...]. C'est vraiment une nouvelle plate-forme de communication. En vous sentant réellement présent, vous pouvez partager des espaces et des expériences illimités avec les personnes de votre vie. Imaginez partager non seulement des moments avec vos amis en ligne, mais des expériences et des aventures entières. Ce ne sont là que quelques-unes des utilisations potentielles. En travaillant avec des développeurs et des partenaires de l'ensemble de l'industrie, ensemble, nous pouvons en créer bien d'autres. Nous pensons qu'un jour, ce type de réalité augmentée immersive fera partie de la vie quotidienne de milliards de personnes*[12].

Cela vous fait penser à quelque chose ? C'est normal. Mark Zuckerberg rêve de construire le métavers depuis dix ans, et la plupart des décisions qu'il a prises ces dernières années pour ses entreprises sont orientées dans ce sens.

Le socle de base de l'expérience Facebook dans le métavers est constitué des différents casques de réalité virtuelle fabriqués par Oculus et surtout de la plate-forme où vous atterrissez lors de votre connexion à l'univers de Facebook : *Horizon Worlds*. Lors de votre connexion et votre arrivée dans *Horizon*, vous vous retrouvez sur la Plaza. Sorte de version moderne d'une agora de la Grèce antique qui rassemble différents portails qui vous emmèneront vers les mondes virtuels en fonction de vos envies. Tout est basé sur la liberté de l'utilisateur, qui peut rester sur cette place d'accueil et observer ou plonger dans l'un des mondes développés par Meta ou par des créateurs de contenus et validés par Meta. Vous pouvez visiter un monde créé par un inconnu, commencer à créer votre propre monde, assister à des événements comme des concerts, jouer à des jeux et, bien sûr, sociabiliser dans les différents outils de Meta.

Dans *Horizon*, vous êtes représenté par un avatar, ou plutôt un demi-avatar pour le moment. Mark Zuckerberg a promis l'arrivée des jambes et des pieds des avatars pour les prochains mois, mais, à ce stade, vous flottez avec votre buste. Si vous vous mettez à parler, vos lèvres bougent et le son de votre voix sera augmenté ou diminué en fonction de la distance entre vous et les personnes qui vous entourent. Pour des raisons évidentes déjà évoquées plus tôt dans cet ouvrage, ce sont les jeux qui attirent le plus les avatars qui se promènent dans *Horizon*. Facebook aimerait que davantage de mondes virtuels soient créés par les utilisateurs eux-mêmes et a donc mis à leur disposition un kit de démarrage très facile pour les pousser à libérer leur créativité.

Les équipes de Meta travaillent également avec Oculus pour créer une expérience encore plus immersive pour les utilisateurs. En associant les casques de réalité virtuelle à des capteurs, Meta veut permettre aux utilisateurs d'interagir avec des objets dans la réalité virtuelle en les tenant et en ressentant le toucher dans la vie réelle à l'aide de capteurs.

Un nouveau capteur tactile associé à un matériau plastique imitant la « peau » a été développé en collaboration avec des scientifiques de l'université Carnegie-Mellon. Le plastique a moins de trois millimètres d'épaisseur, ce qui le rend extrêmement léger. La façon dont le capteur fonctionne est la suivante : lorsque l'utilisateur entre en contact avec une surface, les champs magnétiques changent et fournissent une rétroaction à un logiciel d'intelligence artificielle qui détermine le type de rétroaction qu'il doit fournir à l'utilisateur. En associant ce matériel à la bonne intelligence artificielle, les utilisateurs pourront profiter pleinement du « toucher » dans l'espace virtuel. C'est en tout cas la promesse des équipes de Mark Zuckerberg.

Retour sur investissement

Meta n'est pas une entreprise philanthropique. Quand elle annonce investir 10 milliards de dollars par an jusqu'en 2030 pour construire son métavers, c'est qu'elle espère en retoucher beaucoup plus une fois qu'il sera pleinement opérationnel. Actuellement, le modèle économique de Meta est basé sur les revenus publicitaires. Il ne devrait pas en être autrement pour le métavers.

À la lecture des dizaines de brevets déjà déposés par l'entreprise, on entrevoit l'idée que se fait Meta de son modèle publicitaire version métavers. Ces brevets concernent notamment plusieurs technologies qui exploitent les données biométriques des utilisateurs afin d'améliorer ce qu'ils voient et de garantir que leurs avatars numériques soient animés de manière réaliste. Meta travaille également sur une technologie de suivi des yeux et du visage, qui peut être utilisée pour améliorer l'expérience de réalité virtuelle, mais qui pourra aussi servir à commercialiser auprès des annonceurs les données pour mieux placer les publicités et cibler les consommateurs. Les mouvements des pupilles, les postures du corps et les froncements de nez font partie des données que le groupe veut recueillir pour construire son métavers.

Mais Meta compte aussi sur la vente d'objets virtuels pour faire du métavers une véritable machine à cash. Ces objets, par exemple des vêtements pour son avatar, seront vendus par les créateurs de contenus qui vont agrémenter l'univers *Horizon*. Sur chaque objet, Meta compte prendre une commission de près de 50 %. Le but de Meta étant de proposer un véritable magasin virtuel, où les utilisateurs peuvent acheter des biens numériques ou des articles correspondant à des biens du monde réel qui ont été sponsorisés par des marques.

Instagram comme rampe de lancement

Au-delà du défi technologique et de la qualité de l'expérience, il est légitime de se demander comment Meta va faire pour attirer des centaines de millions de personnes dans son métavers. Pour le populariser, Mark Zuckerberg a plusieurs atouts en main. Conscient que l'achat d'un casque de réalité virtuelle est un frein à la popularisation du métavers, il va rendre l'accès à *Facebook Horizon* possible depuis un ordinateur ou un smartphone. Aucune date ni détails n'ont filtré sur cette annonce faite lors de l'événement Meta Connect 2022. Son autre atout, c'est Instagram. Meta compte sur son réseau centré sur l'image et la vidéo pour rendre le métavers plus attirant. Bientôt, des contenus issus du métavers pourront être partagés sous forme de Reels[c] sur Instagram. Le réseau de Meta à l'audience la plus jeune pourrait servir de rampe de lancement pour convertir les membres du réseau social à tester le métavers et à en faire la promotion grâce au marketing d'influence. Pas certain que cela sera suffisant quand on observe que, même en interne, le projet n'attire pas les foules. En effet, dans une note interne publiée par le site américain *The Verge* en septembre 2022, le patron du métavers de Facebook, Vishal Shah, s'est inquiété du manque d'enthousiasme des équipes de Meta :

c Lancés à l'été 2020 sur Instagram, les Reels ont été la réponse au plus grand concurrent d'Instagram, TikTok. Il s'agit de vidéos au format court accompagnées de musique et d'effets créatifs.

> *Pourquoi n'aimons-nous pas le produit que nous avons conçu au point de l'utiliser tout le temps ? La vérité est que si nous ne l'aimons pas, comment peut-on attendre de nos utilisateurs qu'ils l'apprécient*[13] *?*

Les employés de la division consacrée au métavers ont même été obligés de faire en sorte que leurs équipes utilisent *Horizon* au moins une fois par semaine. « Tout le monde parmi nous doit avoir pour objectif de tomber amoureux de *Horizon Worlds*[14] », a-t-il asséné à ses équipes. Le pari n'est clairement pas gagné. Et c'est avec ce type de réaction que l'on observe une différence énorme avec l'arrivée d'un réseau social comme Facebook à son époque. Tout le monde voulait en être. D'abord sur invitation, le côté exclusif du réseau en avait fait *the place to be* en quelques semaines. Une recette marketing éculée, mais qui est encore régulièrement utilisée dans le secteur technologique, comme lors du lancement du réseau social audio Clubhouse. Ici, avec *Horizon Worlds*, Facebook doit convaincre et se vendre.

Or, l'entreprise de Mark Zuckerberg ne s'est toujours pas remise des scandales à répétition qui ont entaché sa réputation. L'affaire « Cambridge Analytica », qui a révélé l'utilisation par la société du même nom des données de quatre-vingt-sept millions d'utilisateurs de Facebook pour influencer les intentions de vote de plusieurs scrutins, dont celui du Brexit au Royaume-Uni, a mis au jour l'incapacité de Facebook à protéger les données de ses utilisateurs et son manque de transparence sur la question. Plus récemment, la lanceuse d'alerte Frances Haugen a divulgué des documents internes révélant que Facebook était conscient de son impact négatif sur les adolescents utilisant Instagram, notamment dans leur estime de soi et sur leur état dépressif entraîné par la consultation régulière du réseau. Autant de scandales qui ont aussi poussé Facebook à repenser sa stratégie et son marketing et l'ont conduit à changer de nom en Meta. Mark Zuckerberg voit donc le futur de son entreprise dans le métavers, mais le chemin sera long pour gagner la confiance des utilisateurs et les convaincre d'enfiler leur casque de réalité virtuelle.

Malgré tous les efforts de Meta pour rendre *Horizon* attractif, ses univers virtuels tardent à convaincre, pire, ils n'arrivent pas à retenir les nouveaux utilisateurs. Au printemps 2022, ils en accueillaient encore 300 000, mais, à l'automne, ce chiffre était déjà retombé à 200 000, selon des documents internes qui ont fuité dans le *Wall Street Journal* en octobre 2021. Ils révèlent que la majorité des nouveaux utilisateurs ne reviennent pas sur *Horizon* après leur premier mois d'essai. Pour comprendre le chemin qu'il reste à parcourir pour Meta, il faut mettre ces 200 000 utilisateurs actuels en comparaison avec le nombre d'utilisateurs présents sur ses autres réseaux. Avec Facebook, Instagram et WhatsApp, Meta attire chaque mois 3,5 milliards d'utilisateurs dans ses filets, l'équivalent d'un peu moins de la moitié de la population mondiale. *Horizon Worlds* attire à peine la population du 20e arrondissement de Paris.

Meta n'est pas le seul univers à souffrir d'un manque d'utilisateurs. En novembre 2022, la Commission européenne a voulu organiser un événement dans le métavers, en clôture d'une campagne de promotion d'un programme d'investissement, baptisé « Global Gateway ». Le gala dans le métavers a tourné au fiasco. Seules cinq personnes se sont connectées et un journaliste, Vince Chadwick, a même fini seul dans l'univers. La soirée a coûté 387 000 euros[15]. Un douloureux rappel du coût encore exorbitant de la création d'univers virtuels et du peu d'engouement que représente ce type de format à l'heure actuelle.

Chapitre 4

Les entreprises et l'économie du métavers

Au-delà de l'incontournable Meta, de nombreuses entreprises construisent le métavers. Chacune avec des objectifs et des promesses différentes, mais toutes avec l'envie d'avoir leur part du gâteau. Un gâteau estimé à 5 000 milliards de dollars à l'horizon 2030 par le cabinet de conseil McKinsey. Certaines sont plus avancées que d'autres, mais les lignes qui suivent permettent de comprendre les forces en présence et les tendances fortes qui animent la création du métavers. Pour plus de lisibilité, j'ai choisi de les classer par secteur d'activité, même si ces entreprises s'impliquent dans plusieurs d'entre eux pour tenter de proposer des expériences virtuelles les plus complètes et attrayantes possibles.

Le *gaming*

Vous l'aurez compris, le secteur du *gaming* ou du jeu vidéo est à l'avant-garde en matière de métavers. Il n'est donc pas étonnant de retrouver plusieurs acteurs de premier plan de ce secteur dans les premiers concepteurs de ces univers virtuels. Parmi ceux-ci, Epic Games qui possède avec le célèbre jeu *Fortnite* un univers qui est un bon exemple de ce que l'on pourra retrouver au sein du grand métavers d'ici à quelques années. Le groupe américain vient de récolter 2 milliards de dollars auprès de Sony et Kirkbi, la maison mère du groupe danois Lego, qui seront entièrement dédiés à la construction de sa vision du métavers. Epic Games investit aussi dans de jeunes entreprises pour l'aider dans son objectif d'être parmi les fondateurs du métavers, comme avec la start-up londonienne Hadean dans laquelle il a investi pour pouvoir utiliser sa technologie d'infrastructure métavers capable d'accueillir des millions d'utilisateurs simultanément sur une plateforme. Epic Games pourrait coupler la technologie d'Haeden avec sa propre technologie baptisée « *Unreal Engine* ». Un mariage qui pourrait donner naissance à des mondes aux graphismes beaucoup plus léchés et réalistes que ce qui est proposé actuellement par ses concurrents.

En face, la concurrence s'appelle *Roblox*. L'une des plates-formes favorites des adolescents et des très jeunes sera à n'en pas douter de la partie. Elle adapte petit à petit sa plate-forme de jeux construits par ses utilisateurs pour la faire évoluer vers un véritable métavers. *Roblox* a annoncé qu'elle allait par exemple déployer des publicités immersives dans un avenir proche qui permettront à ses utilisateurs de rentrer dans des portails disposés à différents endroits du jeu et d'atterrir dans des univers immersifs liés à des marques.

Meta et Microsoft vont aussi proposer des expériences de jeux vidéo dans leurs univers, mais celles-ci devraient être secondaires par rapport à leur activité principale.

Ce qui est certain, c'est que l'avenir du secteur du jeu sera bien plus qu'une simple expérience indépendante, comme cela a longtemps été le cas. La flexibilité offerte par le métavers permettra aux consommateurs de créer leur contenu, d'enrichir les mondes numériques, de développer des sous-jeux, des univers à l'intérieur d'univers existants, au sein des plates-formes et, fondamentalement, de vivre l'expérience de jeu sur des plates-formes qui permettent d'autres activités.

D'autres activités comme les interactions devraient être démultipliées et plus réelles grâce à la réalité virtuelle, mais aussi le « *Play to Earn* ». Un concept qui permet aux utilisateurs, en plus de suivre la narration et les règles du jeu, de réaliser des actions rentables et d'obtenir des cryptomonnaies qui sont ensuite utilisées pour acheter des armes et des améliorations à apporter à son avatar. Ces achats pourraient être transférés d'un jeu à un autre grâce au concept de NFT, ces certificats numériques qui superviseraient la propriété numérique. Ça, c'est pour la théorie. En pratique, le secteur ne s'est pas encore révolutionné, mais la mue est en cours à n'en pas douter.

Les réseaux sociaux

Les réseaux sociaux et le *gaming* sont indissociables, car, ces dernières années, les plates-formes de jeux vidéo sont devenues des réseaux sociaux à part entière, formant des communautés de plusieurs centaines de millions de joueurs dans certains cas. En matière d'interactions sociales, Meta semble incontournable, mais ne sera pas seul. Car, à l'ère du métavers, les plates-formes de médias sociaux seront davantage axées sur la fourniture d'expériences immersives et interactives qui stimulent autant nos sens que possible, plutôt que de simplement nous connecter à nos amis sur des pages Web en 2D, comme c'est le cas actuellement.

La réalité virtuelle peut déjà nous offrir des images et des sons réalistes, et elle est de plus en plus capable de simuler d'autres sens, comme le toucher et l'odorat. Alors que, pour le moment, les textos ou les chats vidéo peuvent sembler être un bon moyen de rester en contact avec un être cher lorsque nous sommes séparés, dans un avenir proche, nous pourrons peut-être marcher main dans la main avec lui dans une belle prairie, en respirant le parfum des fleurs. Il y a en tout cas fort à parier que chaque univers sera un média social à lui tout seul. La grande question reste de savoir s'il y aura un canal de communication commun, comme une messagerie qui permettrait de communiquer avec ses connaissances à n'importe quel moment, peu importe l'univers dans lequel chacun se trouve.

Le travail

J'ai évoqué quelques lignes plus haut la fameuse « *killer-app* », qui manque actuellement au métavers pour donner envie ou faire ressentir un besoin d'utilisation. Elle pourrait arriver par le monde professionnel. La pandémie de Covid-19 a fait basculer notre vie professionnelle dans le numérique. Les réunions Teams ou Zoom sont devenues la norme en quelques semaines avec leur lot d'avantages et d'inconvénients. Les possibilités offertes par le métavers à ce niveau-là sont très intéressantes. L'entreprise la plus avancée dans ce domaine est Microsoft. La société fondée par Bill Gates propose deux approches liées au monde professionnel. La première est assez logique puisqu'elle propose une expérience de travail virtuel avec des outils comme Teams de la suite Office. Avatars, bureaux virtuels et réunions d'équipes à distance, tout y est. Rien de révolutionnaire, mais Microsoft propose là une évolution technologique de ses outils connus dans le monde entier. Le partenariat entre Meta et Microsoft pour encourager les entreprises à travailler dans des environnements virtuels pourrait amener plus d'utilisateurs vers ces mondes de travail virtuels. Grâce à cette collaboration, une gamme de produits Microsoft Office 365 sera ajoutée sur la plate-forme VR de Meta. Le « bureau virtuel du futur[16] », comme l'appelle Mark Zuckerberg, s'apprête à accueillir Word, Excel, PowerPoint, Outlook, SharePoint, etc. Toutes ces applications de productivité de Microsoft seront disponibles sur le casque de réalité virtuelle de Meta. Cette collaboration devrait donner naissance à une gamme de produits liés à Microsoft Office 365 qui sera ajoutée sur la plate-forme de réalité virtuelle de Meta, Oculus. Il faut imaginer cela comme le bureau du futur – c'est en tout cas ainsi que le voit Mark Zuckerberg –, dans lequel vous retrouverez les applications que vous utilisez déjà aujourd'hui, comme Word, Excel, PowerPoint, Outlook et SharePoint. À la différence qu'elles auront leur version en réalité virtuelle qui sera accessible depuis le casque de Meta.

Plus pointue et plus avancée technologiquement, l'autre approche de Microsoft par rapport au métavers est de proposer une expérience qui mixe le réel et le virtuel (généralement appelée « réalité mixte »). Le but est d'apporter des outils numériques aux entreprises pour augmenter leur efficacité au niveau des chaînes de production ou des réparations de matériel lourd. Ce sont les entreprises plutôt industrielles qui sont ici visées. Grâce au casque HoloLens de Microsoft, les employés d'une chaîne de montage peuvent être guidés sur les gestes à faire ou les réparations à effectuer sur une machine. Des entreprises comme Boeing, Kawasaki ou Heinz utilisent déjà ce métavers industriel.

Microsoft ne se contente pas de créer des univers. L'entreprise a aussi depuis longtemps son casque de réalité mixte, qui combine réalité virtuelle et réalité augmentée, qui répond au nom d'HoloLens. Annoncé en 2015 et commercialisé en 2017, il fonctionne de façon autonome sans avoir besoin de le relier à un ordinateur ou un smartphone. Des lentilles de haute définition transparentes et un son spatialisé permettent de visualiser des images en 3D immergées dans l'environnement qui entoure l'utilisateur.

Dans cette catégorie, il faut aussi mentionner le métavers développé par Nvidia. Nvidia est l'entreprise responsable de la popularisation de l'acronyme GPU (*Graphics Processing Unit*), à la fin des années 1990, et est régulièrement à l'avant-garde en matière de conception de systèmes informatiques. Nvidia Omniverse est le métavers de l'entreprise qui mêle l'intelligence artificielle, la blockchain et une technologie de pointe développée en interne: NVIDIA RTX.

Omniverse est une plate-forme open source[d] qui permet la collaboration virtuelle et la conception en 3D. Dédiée aux chercheurs, ingénieurs et concepteurs d'univers numériques, elle permet notamment de reproduire à l'identique des environnements réels comme une ville, un quartier, une entreprise, pour y simuler, par exemple, les effets du dérèglement climatique ou de la pollution. Recréer en virtuel un univers qui existe dans la réalité, on appelle cela un «jumeau numérique». Par exemple, le groupe BMW utilise Omniverse pour créer son usine du futur, un jumeau numérique entièrement virtuel et simulé dans l'univers mis sur pied par Nvidia. Tout le monde, des particuliers aux grandes entreprises, peut travailler avec d'autres en collaboration pour y créer des mondes virtuels uniques qui ont l'apparence, la sensation et le comportement du monde physique que nous connaissons.

Nvidia utilise pour cela un langage informatique, qui pourrait devenir un standard dans le métavers, appelé «USD» (*Universal Scene Description*). Il s'agit d'une technologie développée par Pixar en 2012 qui combine la modélisation de la physique, des matériaux et du suivi de trajectoire en temps réel. L'une des caractéristiques essentielles de l'Omniverse est qu'il obéit aux lois de la physique. Il peut donc simuler des particules et des fluides, des matériaux et même des machines, jusqu'à leurs ressorts et leurs câbles.

Nvidia a une vision bien particulière du futur des entreprises qu'elle a détaillée dans un document. Elle y explique

---

d Un logiciel open source est un logiciel informatique qui est publié sous une licence dans laquelle le titulaire du droit d'auteur accorde aux utilisateurs le droit d'utiliser, d'étudier, de modifier et de distribuer le logiciel et son code source à quiconque et à n'importe quelle fin.

que la modélisation du monde naturel en un monde virtuel est fondamentale pour la robotique. Elle permet aux utilisateurs de créer un monde virtuel où les robots peuvent s'entraîner. L'équipe de Nvidia explique :

> *Une fois que les esprits de ces robots sont formés dans l'Omniverse, les roboticiens peuvent charger ces cerveaux et le connecter à un robot réel. Dans le futur, une usine sera un robot, orchestrant de nombreux robots à l'intérieur, construisant des voitures qui sont elles-mêmes des robots*[17].

Un futur qui peut inquiéter, mais laisse aussi entrevoir des possibilités infinies pour les entreprises.

L'éducation et la formation

Le secteur de l'éducation fait partie des quelques secteurs qui n'ont pas réellement subi de transformation numérique. Si vous prenez les enseignants, par exemple, leur métier n'a jamais été révolutionné par le numérique, ils font, à peu de chose près, exactement le même métier qu'il y a trente ans, avec quelques petites adaptations comme l'utilisation des mails ou d'un intranet, mais leur productivité n'a pas été augmentée par l'arrivée du numérique comme cela a pu être le cas pour d'autres métiers, comme celui de comptable. Un enseignant ne peut pas enseigner à plus d'étudiants en même temps qu'il y a dix ou vingt ans, alors que le comptable arrive à traiter plus rapidement ses clients et tâches grâce à la numérisation de ses activités. Pendant tout un temps, nous avons cru qu'il serait possible d'enseigner à distance, mais la pandémie de Covid-19 est venue chambouler cette certitude lorsqu'elle a forcé enseignants et étudiants à s'emparer de la vidéoconférence et d'en faire leur quotidien. Le constat fut terrible : les cours par Zoom ou Teams sont une catastrophe pour les élèves et les professeurs, en tout cas pour les plus jeunes. Au plus l'âge des élèves est peu élevé, au plus la situation est difficile. Décrochage scolaire en hausse, concentration au plus bas, la transmission du savoir ne peut pas se faire par écran interposé. Pour apprendre et transmettre, il faut ce sentiment de présence.

Lorsqu'ils sont dans une salle de classe, les élèves se trouvent dans un environnement éducatif ; ils ont un pouvoir d'action et d'immersion qui n'a rien à voir avec ce qu'offre une caméra à travers laquelle ils peuvent jeter un coup d'œil dans un décor scolaire intouchable. La raison pour laquelle la présence est importante est la même pour laquelle on décide d'envoyer les élèves en excursion plutôt que de les limiter à des vidéos, on leur demande de venir à l'école plutôt que d'écouter des enregistrements à la maison, et on les encourage à apprendre « sur le terrain » chaque fois que cela est possible. La perte de la présence entraîne la perte de tout, du contact visuel direct avec un enseignant, de la possibilité de co-apprendre avec des amis et de pouvoir les toucher ou leur taper dans la main, de la capacité de construire un robot hydraulique avec des seringues, d'utiliser un bec Bunsen et de disséquer une grenouille.

Il est difficile d'imaginer que l'enseignement à domicile ou à distance puisse un jour remplacer complètement l'enseignement en personne, même s'il pourrait compenser le coût et les difficultés de déplacement pour certains ou faciliter l'organisation des jeunes parents. Mais l'écart se comble lentement grâce à de nouvelles technologies principalement axées autour du métavers, telles que l'affichage volumétrique, les casques VR et AR, l'haptique et les caméras oculométriques[e].

---

[e] L'*eye tracking*, « oculométrie » en français, est un dispositif capable de suivre les mouvements oculaires sur l'écran. L'*eye tracking* permet de voir ce que regardent les utilisateurs. Des micro-caméras enregistrent les mouvements visuels de la pupille de l'œil.

Non seulement les technologies de rendu 3D en temps réel permettent aux enseignants d'emmener les élèves n'importe où, mais les simulations virtuelles de plus en plus réalistes qui se profilent à l'horizon peuvent considérablement améliorer le processus d'apprentissage.

Au départ, l'arrivée de la réalité virtuelle dans les salles de classe a été perçue comme une technologie permettant de visiter la Rome antique avec les élèves. Avec les univers du métavers, ils vont pouvoir construire Rome et comprendre comment fonctionnaient les aqueducs en les faisant eux-mêmes. La différence est considérable. Au lieu de créer une fausse éruption volcanique en utilisant du vinaigre et du bicarbonate de soude, ils pourront déclencher une éruption du volcan sicilien Etna en agitant le magma de lave avant de se faire éjecter du cratère et d'atterrir en bas du volcan. On parlait de l'importance du sentiment de présence, il sera ici décuplé.

L'autre aspect intéressant est que ces leçons pourraient être accessibles à n'importe quel moment, de n'importe où dans le monde, à condition d'avoir le casque *ad hoc* et une bonne connexion Internet. Elles pourraient aussi être adaptées et faites sur mesure en fonction du handicap d'un étudiant par exemple. Peu importent les moyens dont dispose son école ou ses parents, un enfant pourrait suivre le même enseignement que ses camarades. C'est théorique, car ces cours pourraient aussi être monétisés et vendus comme cours particuliers en plus du programme classique. Les pouvoirs publics ont à ce niveau-là un rôle primordial à jouer pour faire en sorte que le métavers intègre l'école et éviter que l'école publique subisse la concurrence du métavers et continue à (re)produire des inégalités.

Il s'agit d'un exercice d'équilibriste, car il est très compliqué d'intégrer la réalité virtuelle dans un milieu scolaire classique plutôt sclérosé par sa tutelle publique qui n'a pas forcément l'habitude d'intégrer la technologie dans son environnement. Pourtant, le jeu en vaut la chandelle. Il est assez facile d'imaginer l'impact positif que pourraient apporter les expériences virtuelles. Cela permettrait de proposer une expérience intermédiaire entre le cours *in situ* et l'enseignement à distance par vidéoconférence. Dans les prochains mois et années, nous devrions voir fleurir des plates-formes proposant ce type d'expériences, des cours particuliers et des moyens d'emmener ses élèves dans le métavers pour une sortie éducative d'un nouveau genre.

La formation continue va, elle aussi, être fortement impactée. Elle l'est déjà. Plusieurs exemples récents démontrent la pertinence du métavers comme plate-forme de formation. Ce sont évidemment les métiers manuels qui sont le plus impactés. L'armée belge entraîne désormais une partie de ses unités dans le métavers. Des formations incendies qui étaient auparavant organisées à grands frais dans l'un des ports du pays pour apprendre à éteindre un feu sur une frégate de la marine se déroulent aujourd'hui dans le métavers. Pour cela, l'armée belge a fait appel à une société bruxelloise, OneBonsai, qui s'est spécialisée dans le développement d'univers virtuels dans le métavers. De plus en plus d'entreprises se spécialisent dans la création de ces univers virtuels sur-mesure qui ont de plus en plus la cote.

Le géant du conseil Accenture a, de son côté, acheté soixante mille casques de réalité virtuelle pour former ses nouvelles recrues dans le monde entier avant même qu'elles n'aient mis un pied au bureau. Une enquête[18] réalisée par PwC en 2022 sur le territoire américain a révélé que 51 % des entreprises sont en train d'intégrer la réalité virtuelle dans leur stratégie, soit ont déjà intégré la réalité virtuelle dans au moins un secteur d'activité de leur entreprise. Trente-quatre pour cent d'entre elles déclarent que l'un des plus grands avantages du métavers dont elles bénéficient actuellement ou qu'elles prévoient est de pouvoir développer et de former le personnel de manière plus efficace.

Lors de cours ou formations en ligne, les participants sont souvent impatients, distraits et débordés. La plupart ne regardent pas le flux vidéo pendant toute sa durée, et l'utilisation des smartphones est une cause majeure d'interruption et de distraction.

Avec l'apprentissage via la réalité virtuelle dans un métavers, les utilisateurs sont nettement moins distraits. Dans un casque de réalité virtuelle, les simulations et les expériences immersives commandent la vision et l'attention de l'individu. Il n'y a pas d'interruptions ni d'options de multitâche. Dans cette même enquête réalisée par PwC sur le territoire américain dans une cinquantaine d'entreprises, les employés formés par la réalité virtuelle étaient jusqu'à 4 fois plus concentrés pendant la formation que leurs homologues de l'apprentissage en ligne et 1,5 fois plus concentrés que leurs collègues en classe. Des chiffres qui pourraient inciter les plus réticents à tenter l'aventure. Reste la question du coût du matériel. Comme pour d'autres technologies, la démocratisation des prix sera une cause de sa popularisation.

L'immobilier

Acheter un terrain ou un bien immobilier virtuel peut paraître paradoxal et dénué d'intérêt. Pourtant, c'est l'un des secteurs qui a connu le plus d'intérêt sur les différents métavers déjà actifs. Plusieurs plates-formes ont réussi à créer de la rareté là où il n'aurait pas dû y en avoir. Le métavers censé voir le jour et les métavers déjà existants devraient par définition proposer des univers quasi infinis. Ici, c'est tout l'inverse qui a suscité de l'intérêt. Commençons par *Decentraland*. La plate-forme est une pionnière de la première heure dans le domaine des métavers avec des débuts en 2017. Son objectif est de permettre aux utilisateurs d'acquérir des parcelles de terrain en plus de l'exploration d'un vaste univers virtuel. *Decentraland* offre aux participants une variété d'activités, notamment des jeux, des casinos, des galeries et des concerts. On le considère régulièrement comme le projet le plus ancien lié au métavers actuel.

Decentraland a connu une réelle ascension grâce à une ICO[f] de 24 millions de dollars. Sur la terre virtuelle de la plateforme, les gens peuvent développer des expériences uniques et acheter toutes sortes de choses grâce aux jetons numériques MANA et LAND. Le jeton MANA est par exemple accepté sur la place de marché *Decentraland* pour les avatars, les vêtements, les produits et les noms.

L'autre grand acteur de l'immobilier virtuel, c'est un univers créé par deux Français. *The Sandbox* est un jeu multijoueur en ligne à monde ouvert, où les joueurs s'affrontent pour gagner des jetons non fongibles (NFT). Il fait partie d'une catégorie de jeux en ligne qui ont gagné en popularité en même temps que l'engouement pour les NFT, tout comme *Decentraland.*

The Sandbox existe en fait depuis bien plus longtemps que le boom des NFT – les créateurs de l'univers éditent des jeux pour appareils mobiles depuis 2011, sans aucun élément de blockchain. Ce n'est qu'en 2018 que l'entreprise a pivoté vers la blockchain.

L'intérêt substantiel du passage de *The Sandbox* vers la technologie blockchain est que les joueurs peuvent échanger les objets qu'ils construisent dans le jeu et rendre leur propriété vérifiable en dehors de l'environnement du jeu. Autrement dit, vous n'avez pas besoin des développeurs pour dire que vous êtes propriétaire de vos créations *Sandbox*, car elles sont enregistrées de manière indélébile dans la blockchain.

---

f Une ICO (*Initial Coin Offering*, littéralement « offre initiale de jetons ») est une émission d'actifs cryptographiques.

C'est assez similaire à l'immobilier dans le monde réel, explique Sébastien Borget, l'un des deux fondateurs de The Sandbox. C'est un espace dans lequel on va pouvoir créer des expériences que l'on va pouvoir ensuite monétiser, en vendant des contenus ou en louant cet espace à d'autres créateurs[19].

Au-delà de la vente de terrain, le modèle économique de la start-up est fondé sur une « commission » de 5 % sur toutes les transactions et échanges réalisés sur la plate-forme.

La plate-forme française, rachetée par le groupe hong-kongais Animoca Brands, propose un métavers au design pixel art, que l'on sent très inspiré du jeu vidéo *Minecraft*. Depuis le lancement de la version alpha de *The Sandbox* mi-novembre2021, l'engouement est réel pour ses terres virtuelles, appelées « LANDS ». Spéculation, emplacements privilégiés et marché parallèle font partie intégrante de l'initiative. Plus de 20 000 personnes y ont déjà acheté un terrain. Avis aux amateurs : il reste encore un peu plus de 30 000 terrains à acquérir pour la modique somme de 12 000 dollars en moyenne. Axa, Gucci, HSBC, Warner Music, Adidas, Carrefour, Ubisoft... et même le rappeur Snoop Dogg font partie des 20 000 propriétaires de l'une des 166 464 parcelles disponibles dans cet univers virtuel au graphisme sommaire.

Les ventes immobilières sur les quatre principales plates-formes de métavers ont atteint 501 millions de dollars en 2021, selon MetaMetric Solutions, qui suit les prix de l'immobilier numérique. Les prévisions pour 2022 évoquent un doublement de ce montant.

Les rencontres

La révolution numérique des rencontres amoureuses a été fulgurante. L'arrivée de sites de rencontres comme Meetic ont profondément modifié les habitudes des gens ; l'émergence d'applications mobiles comme Tinder, Grindr ou Happn ont littéralement révolutionné l'expérience de l'utilisateur de cette activité autrefois vue comme pénible et rarement pertinente en la transformant en une expérience à l'intersection entre le réseau social et le jeu. En conséquence, le secteur s'est transformé en une industrie très lucrative et les applications de rencontres de tous types sont devenues des indispensables de beaucoup d'adultes modernes.

L'arrivée du métavers pourrait amener les rencontres amoureuses et sexuelles à un autre stade de personnalisation et d'immersion. Avant l'arrivée d'une application comme Tinder, on pensait que les problèmes des rencontres amoureuses avaient été résolus par les sites de rencontre qui avaient inventé un score de compatibilité en fonction d'un questionnaire posé à chaque membre. Tout cela a été relégué au passé par un modèle simplissime basé uniquement sur l'apparence. La photo vous plaît, vous *swipez* (faire glisser) la photo vers la droite, elle ne vous attire pas, vous *swipez* vers la gauche. Ajoutez à cela un chat et l'affaire est dans le sac.

Dans le métavers, c'est à nouveau le côté expérience qui devrait évoluer. Vous pourrez faire connaissance au travers d'un jeu, dans un espace ouvert, pendant que vous regardez un film avec d'autres personnes qui ont envie de le regarder ou encore lors d'un cours virtuel de cuisine ou de sport. En quoi est-ce différent de le faire dans le monde physique ? Les utilisateurs seront désinhibés puisqu'ils seront représentés par leur avatar qui peut être assimilé dans cette situation à une carapace de protection. Les conséquences d'une approche ratée ou d'un refus impacteront moins les chercheurs d'amour. Mais la question de l'avatar est perturbante, car ce qui a fait le succès des applications de dating, c'est une expérience visuelle très basique à base de « j'aime ou j'aime pas ». Avec un avatar à la place de sa photo de profil classique, qu'est-ce qui sera attirant ou non, pourquoi les gens auraient-ils envie de se rencontrer sans se voir ? Ne serait-ce pas un retour aux rencontres pré-Tinder, alors que le modèle a prouvé sa pertinence ? Autant de questions qui devront être examinées à l'usage.

L'industrie pornographique

L'industrie du X est toujours considérée comme à la pointe lorsqu'il est question d'innovation technologique. Le sexe virtuel, ou le méta-sexe, n'échappe pas à la règle. De nombreuses innovations technologiques ont permis à l'industrie pornographique de s'imposer comme une industrie florissante, Internet en tête. De nombreuses plates-formes de porno proposent déjà de nombreuses vidéos à base de réalité virtuelle, mais le secteur veut aller plus loin.

De nombreux développeurs et membres de l'industrie pornographique s'unissent dans le but de créer une nouvelle expérience de sexe virtuel. Ils mélangent la réalité virtuelle, l'intelligence artificielle et les jouets sexuels contrôlés par Bluetooth, ce qui permet à l'utilisateur de réellement s'immerger dans la scène. Le sexe virtuel existe déjà, mais le métavers pourrait être la nouvelle plate-forme star du secteur en offrant des véritables expériences sexuelles.

Les utilisateurs sont toujours à la recherche de la prochaine grande nouveauté en matière de pornographie, et la réalité virtuelle pourrait bien être celle-ci. Les différents angles de caméra étaient déjà utilisés pour donner aux spectateurs l'impression d'être dans la pièce. Mais la technologie aidant, les dernières techniques de vidéographie en réalité virtuelle améliorent l'expérience. De nombreux producteurs ont adopté la nouvelle réalité virtuelle dans le métavers et créent des contenus et univers qui offrent un regard neuf sur un genre bien connu. Ce type d'expérience se situe en plein dans le concept originel de réalité virtuelle, qui consiste à « être physiquement présent dans un cadre non physique ».

Et si le porno devenait la fameuse « *killer app* » du métavers ? Cette application ou expérience qui attire suffisamment de monde vers une technologie pour en faire un succès de masse. Le potentiel est là, mais la défiance d'acteurs fondateurs du métavers comme Meta ou Microsoft laisse pour l'instant peu de place à l'industrie du X. Le secteur devra créer son propre univers, mais sera-t-il interopérable avec les autres en cours de construction ? Rien n'est moins sûr. En mal d'utilisateurs, certains fournisseurs d'univers virtuels dans le métavers pourraient s'inspirer en se rappelant qu'un site comme PornHub.com est systématiquement dans le top des soixante-dix sites les plus consultés au monde sur une année, Chaturbate est carrément un pensionnaire du top 50 et la plate-forme OnlyFans[g] qui appartient à Match Group, le propriétaire de Tinder, est en train d'exploser tous les records en matière de revenus liés à la pornographie.

La mode et le luxe

Pour les marques de prêt-à-porter et du secteur du luxe, le métavers pourrait bien offrir de nouvelles possibilités de faire participer et de se connecter avec la génération Z[h] et d'autres jeunes consommateurs férus de technologie. Elles aussi aiment être à l'avant-garde et ne veulent plus rater le virage numérique associé au métavers comme elles l'ont fait en niant Internet et les réseaux sociaux pendant plusieurs années.

L'industrie de la mode est bien consciente que les espaces numériques interactifs et créatifs sont une évolution naturelle de la façon dont les gens utilisent la technologie, et qu'ils sont

---

g OnlyFans est une plate-forme et une application en ligne créée en 2016. Les utilisateurs peuvent payer pour du contenu (photos, vidéos et *live streams*) via une adhésion mensuelle.

h La génération Z est la génération des personnes nées entre 1997 (bien que les délimitations varient selon les définitions) et 2010. Elle succède à la génération Y et précède la génération Alpha.

le reflet du temps toujours plus important que les consommateurs passent en ligne. La génération Z passait en moyenne huit heures par jour sur des écrans en 2020. Et ce chiffre ne fait qu'augmenter année après année.

Cette génération est-elle prête à associer son expérience virtuelle majoritairement dans le *gaming* avec l'achat de vêtements physiques ou virtuels ? C'est plus que probable, selon Robert Triefus, le directeur du marketing de Gucci :

> *Il y a probablement une sous-estimation de la valeur attachée aux individus qui veulent s'exprimer dans un monde virtuel avec un produit virtuel, à travers un personnage virtuel*[20].

Sa société a déjà fait plusieurs incursions dans ces espaces, avec notamment son Gucci Garden dans le métavers de *Roblox* avec un succès inattendu : 19 millions de visiteurs. Gucci n'est pas seule dans le métavers. On y retrouve d'autres marques, comme Nike qui a dévoilé en 2022 son propre monde virtuel inspiré de son siège social sur la plate-forme de jeux vidéo *Roblox*, devenant ainsi l'une des premières grandes marques à entrer dans le métavers. L'espace numérique, appelé « NIKELAND », permet aux joueurs d'équiper leur avatar avec des produits Nike spéciaux et peut être visité gratuitement, c'est le minimum, sur *Roblox*. Le fabricant de vêtements de sport a expliqué, lors du lancement :

> *Nike a créé ce monde sur mesure avec pour toile de fond son siège mondial et à l'intérieur de l'espace 3D immersif de Roblox, en s'appuyant sur son objectif de transformer le sport et le jeu en un style de vie*[21].

Sur NIKELAND, les visiteurs peuvent aussi utiliser les accéléromètres de leurs appareils mobiles pour transférer les mouvements hors ligne vers le jeu en ligne, ce qui permet des mouvements réels dans l'espace numérique.

D'autres acteurs du secteur de la mode s'intéressent au métavers via le prisme du secteur du jeu, car il attire plus de trois milliards de joueurs dans le monde et est unique en matière d'engagement et de création de communautés. En effet, les jeux vidéo dans des univers virtuels en 3D sont de plus en plus une extension du monde réel et, avec la pandémie qui a renforcé leur intérêt, ils sont devenus une cible de choix pour les marques de mode. Ralph Lauren, par exemple, s'est associé à l'application de réseau social sud-coréenne Zepeto pour créer une collection de mode virtuelle où les utilisateurs pouvaient habiller leur avatar avec des produits exclusifs ou des « *skins*[i] » modifiant l'apparence.

Pour certains consommateurs, la mode numérique est une extension naturelle de l'application des filtres des médias sociaux sur des plates-formes comme Instagram et Snapchat. La transition serait donc assez simple pour leurs jeunes utilisateurs. L'intelligence artificielle et la réalité augmentée pourraient ouvrir des opportunités pour de nouveaux modèles commerciaux qui veulent tirer parti de la mode virtuelle. Par exemple, la technologie qui permet des vues à 360 degrés et un choix d'angles de vue par l'utilisateur a déjà été utilisée pour présenter des collections saisonnières dans des salles d'exposition en ligne, et des avatars de mannequins ont défilé sur des podiums virtuels en 3D. Une véritable *fashion week* a déjà eu lieu dans le métavers. Elle s'est tenue du 24 au 27 mars 2022, dans l'univers virtuel *Decentraland*. Avec la présence de plus de soixante-dix marques de mode, elle a incarné et matérialisé la montée en puissance du marché de la mode virtuelle. Avec, d'un côté, un acteur du métavers s'offrant pour l'occasion une médiatisation accrue face aux univers virtuels concurrents, et, de l'autre, des marques bien décidées

i Signifiant littéralement « peau », le *skin* se rapporte en premier lieu à l'apparence d'un personnage. Dans un jeu, on emploie ainsi ce terme pour parler du visage de base que l'on souhaite utiliser, de l'habillement de son personnage et les effets visuels, de lumière, de couleur ou autres, qu'on va lui apporter. À niveau et à caractéristiques égales, certains équipements vont être beaucoup plus recherchés que d'autres selon leurs qualités esthétiques.

à prendre au sérieux ce nouveau monde, loin du snobisme qu'elles avaient à l'époque réservé à la vente en ligne lors de ses débuts.

L'intérêt de ces marques porte aussi sur les technologies associées au métavers comme les NFT. Dans le monde de la mode, les NFT peuvent être utilisés pour authentifier des produits ou servir de pièces de collection à part entière. En 2021, on a assisté à une vague d'engagement, notamment parmi les acteurs du luxe et via l'univers des jeux pour ces certificats de propriété et d'authenticité numériques. Louis Vuitton a lancé un jeu vidéo avec des NFT à collectionner, partiellement conçu par Beeple[j], pour son 200e anniversaire.

Le battage marketing aidant, il semble que les actifs numériques générés par le secteur de la mode puissent générer des flux de revenus importants. Toutefois, les possibilités de monétisation dépendront probablement de la psychologie de la rareté utilisée et des éditions limitées qui alimentent l'intérêt pour les NFT, ainsi que de la sécurité de l'authentification et du potentiel de développement de la communauté autour de ces derniers.

Si personne ne peut prédire exactement la forme que prendra cette incursion du secteur du luxe et de la mode dans les univers virtuels en pleine expansion, les opportunités qu'ils présentent pour les marques de luxe, les détaillants et les consommateurs eux-mêmes paraissent pour l'instant accorder toutes les parties dans un intérêt mutuel.

Le sport

Dans cette quête d'une application qui donnerait envie à un grand nombre d'utilisateurs de se connecter dans le

j Mike Winkelmann, né le 20 juin 1981 à Fond du Lac (Wisconsin), connu sous le nom de Beeple ou Beeple Crap, est un artiste numérique américain.

métavers, le sport pourrait clairement jouer un rôle non négligeable. Ces dernières années ont vu l'avènement de nouvelles technologies, comme l'utilisation de la réalité virtuelle ou augmentée, qui ont changé la façon dont certains fans interagissent avec le sport ou font du sport chez eux. Le métavers a le potentiel de changer la manière dont nous regardons et pratiquons le sport et devrait avoir un impact profond sur la structure de l'industrie du sport.

Commençons par ceux qui regardent du sport avant de parler de ceux qui en font. Jusqu'ici, les supporters regardaient un match de leur équipe et sport favori à la télévision ou en streaming et en discutaient ensuite avec leurs amis. L'intérêt du métavers est de permettre aux supporters d'interagir entre eux en temps réel dans une reproduction du stade virtuel, comme s'ils étaient présents. Avec comme but et conséquence d'augmenter l'engagement des supporters qui sont seuls chez eux. Des tournois virtuels sont organisés, comme pour la Coupe du monde de football 2022 organisée par le Qatar, pour offrir de nouvelles expériences aux spectateurs et inclure l'e-sport qui est en train de se transformer en source de revenus importante pour cette industrie. Avec un peu plus de 29,6 millions de téléspectateurs mensuels d'e-sports en 2022 rien qu'aux États-Unis, dont l'ultra-majorité sont de jeunes fans férus de technologie, l'industrie du sport veut tirer parti de la puissance du métavers pour créer de nouvelles sources de revenus.

Grâce aux NFT et à la blockchain, les entreprises du secteur du sport peuvent désormais créer leurs propres mondes virtuels et offrir des expériences exclusives aux utilisateurs. Ces expériences peuvent aller de l'accès aux coulisses à un traitement VIP. Les utilisateurs sont prêts à payer pour ces expériences et, en les leur offrant, les entreprises du secteur du sport peuvent créer une nouvelle source de revenus.

Où se cachent Apple et Amazon ?

Vous l'aurez remarqué, depuis le début de cet ouvrage, le nom d'Apple n'a pas été évoqué quant à son implication dans le métavers. L'entreprise fondée par Steve Jobs est pourtant un mastodonte technologique qui joue dans la même cour que ses rivaux historiques, comme Microsoft et ceux apparus depuis le boom des entreprises issues de l'économie Internet, comme Facebook, Google, Amazon, Epic Games ou Nvidia. Pourtant, quand on aborde la thématique du métavers, le nom d'Apple n'est que très rarement mentionné. Historiquement, Apple a continuellement innové, soit en apportant ces innovations elle-même, comme avec l'arrivée de l'iPhone en 2007, soit en suivant des tendances et en améliorant et simplifiant l'accès à des technologies existantes, comme avec le Macintosh. Dans tous les cas, la firme à la pomme ne parle jamais d'une technologie tant qu'elle n'est pas prête. Et dans le cas du métavers, faute est de constater qu'Apple ne l'est pas encore. Des rumeurs persistantes parlent d'un casque de réalité virtuelle qui sera présenté en 2023. Il est très attendu, car ses concurrents sont déjà actifs sur le marché depuis plusieurs années.

L'espoir est qu'Apple arrive et mette directement la barre très haut comme elle a l'habitude de le faire quand elle décide de s'intéresser à une technologie ou un marché. Avec comme dernier exemple en date : l'Apple Watch. Le casque de réalité virtuelle ne serait pas le seul produit dédié au métavers en préparation. En effet, Apple développerait aussi dans ses laboratoires des lunettes de réalité mixte qui auraient déjà été baptisées « Apple Glass ». Le CEO d'Apple, Tim Cook, fait en tout cas de moins en moins de mystère sur ses ambitions par rapport au métavers dans lequel il croit dur comme fer. « La réalité augmentée et le concept de Metaverse sont profonds. Une fois que les gens y auront goûté, il n'y aura pas de retour en arrière[22] », a-t-il même déclaré dans un entretien à la BBC, en septembre 2022.

Le casque tant attendu d'Apple pourrait signifier un tournant dans la course au métavers, mais il aura aussi une importance cruciale pour le futur de l'entreprise. Elle ne peut pas rater son entrée dans la grande bataille du virtuel face à une concurrence qui ne l'a pas attendue pour fourbir ses armes et faire évoluer ses casques et univers virtuels.

L'autre entreprise technologique qui n'a pas encore dévoilé ses plans en matière de métavers, c'est Amazon. L'entreprise fondée par Jeff Bezos est jusqu'ici restée très mystérieuse sur ses intentions. Comme pour Apple, les rumeurs se font de plus en plus insistantes concernant un casque lui aussi de réalité mixte. Mais rien de tangible à ce stade. Amazon pourrait être un bénéficiaire indirect du métavers. Cela signifie que l'entreprise pourrait se servir du métavers pour mieux vendre plus de produits, et à plus de clients, mais sans révolutionner son approche. Les changements seraient cosmétiques et Amazon viendrait s'insérer dans des univers créés par d'autres. Amazon n'a pas vocation à être une créatrice d'univers, ce n'est pas son métier. Quant au casque, il reste au stade de la rumeur pour l'instant et ne pourrait même jamais voir le jour. Il faut dire que l'entreprise a régulièrement été refroidie lors de ses tentatives de commercialisation de produits technologiques comme la Kindle, le Fire Phone, le Fire Stick ou encore les Dash buttons, qui ont rarement trouvé leur public.

Là où Amazon pourrait faire la différence et flairer une opportunité commerciale, c'est dans l'expérience de vente en ligne qui sera proposée dans le métavers, qui reste à ce stade une inconnue. Il n'est pas difficile d'imaginer le modèle de vente en ligne agressif d'Amazon se transposer dans le métavers en proposant une expérience de shopping immersive qui pourrait par exemple permettre de visualiser dans son environnement final un produit que l'on veut acheter, mais surtout de voir apparaître une partie des produits proposés sur Amazon entièrement dédiés au métavers, comme des vêtements pour son avatar ou des objets pour construire son univers personnel. Sans oublier qu'Amazon est aussi désormais un poids lourd du divertissement avec son service de vidéo à la demande Amazon Prime Video. Une catégorie de service qui aura une place prépondérante dans le métavers.

Amazon a une autre carte dans son jeu: Amazon Web Services (AWS), la branche technologique du groupe qui commercialise l'offre cloud de l'entreprise. AWS représente aujourd'hui 16 % des revenus d'Amazon. Pour faire fonctionner les mondes virtuels du métavers, la quantité de stockage de données et leur traitement vont exploser. Avec AWS, Amazon est aujourd'hui leader du marché de l'hébergement de données. C'est grâce à cette position incontournable que l'entreprise aujourd'hui dirigée par Andy Jassy pourrait devenir un acteur de premier plan du métavers. Non pas en créant son monde ou son casque, mais en hébergeant une grande partie des données issues de l'activité dans le métavers. Bref, n'enterrons pas Amazon trop vite.

Mais certains grands patrons de l'industrie technologique ont encore du mal à voir le métavers comme le futur de leur entreprise. En juin 2022, l'ancien PDG de Google, Eric Schmidt, a résumé son sentiment dubitatif par rapport au concept, en soulignant qu'« il n'y a pas d'accord sur ce qu'est le métavers[23] ». De même, Evan Spiegel, PDG de Snap, la maison mère du réseau social Snapchat, a qualifié l'idée de métavers d'« ambiguë et hypothétique[24] ». Il a plutôt mis en avant les projets de son entreprise autour de la réalité augmentée, où des éléments et des images virtuels sont superposés au monde réel. Tim Cook, le patron d'Apple, est également un grand partisan de la réalité augmentée, laquelle « ira beaucoup, beaucoup plus loin[25] » que les applications actuelles:

> *Je pense que la réalité augmentée est une technologie profonde qui va tout affecter. Imaginez que vous puissiez soudainement enseigner avec la réalité augmentée et démontrer des choses de cette façon. Ou sur le plan médical, et ainsi de suite.*

Comme je l'ai dit, nous allons vraiment regarder en arrière et penser à la façon dont nous avons vécu autrefois sans la RA[26].

La réalité virtuelle, oui. Le métavers, pas forcément. Seuls le temps et l'usage permettront de savoir qui a su être visionnaire.

Tous dans le métavers demain ?

Lorsque l'on parle innovation et technologie, il y a un métronome incontournable, c'est la courbe de Gartner. Chaque année, le cabinet de conseil mondialement réputé Gartner publie son « *Hype Cycle* ». Il s'agit d'une représentation graphique, inventée en 1995 par Jackie Fenn, qui permet de se rendre compte de l'évolution de maturité d'une technologie et des attentes objectives placées en elle à un moment donné. Cette courbe reprend les principales technologies émergentes en activité.

Elles sont placées sur une courbe (voir figure 1) qui définit leurs différents stades d'évolution. Ils sont au nombre de cinq, avec une chronologie bien précise : le déclencheur d'innovation, le pic des attentes exagérées, le creux de la désillusion, la pente de l'illumination et enfin le plateau de productivité. Le métavers se situe selon les dernières analyses de Gartner parues en août 2022 dans le premier stade d'évolution, le déclencheur d'innovation (voir figure 2). Si l'on suit la logique de cette courbe, le métavers serait donc dans une phase émergente où la technologie débute et fait ses premières percées. Généralement, à ce stade d'évolution, elle n'a pas encore réussi à prouver sa viabilité pratique et commerciale. C'est en effet le cas pour le métavers pris dans son ensemble et sous sa définition reprise au chapitre 1. Mais, au sein du métavers, certains univers comme *Roblox* ou *The Sandbox* ont eux déjà prouvé leur viabilité pratique et commerciale, ce qui peut faire douter du stade d'évolution du métavers.

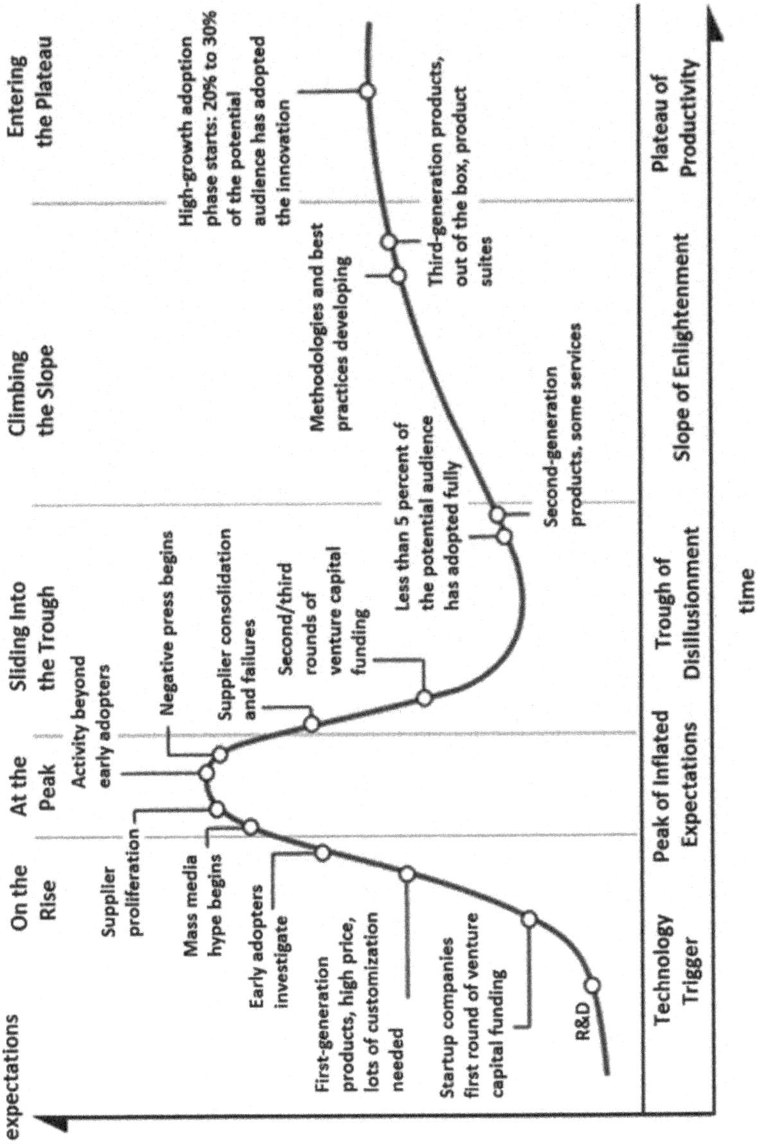

Figure 1. Modèle de la courbe de Gartner[27].

Dans ses prédictions les plus récentes, Gartner donne aussi des précisions sur l'impact attendu du métavers sur les entreprises et les utilisateurs. D'après eux, d'ici à 2026, 25 % des gens passeront au moins une heure par jour dans le métavers pour le travail, le shopping, l'éducation, les activités sociales et/ou les divertissements. Le cabinet de conseil prédit qu'aucun fournisseur ou entreprise ne sera propriétaire du métavers, s'attend à ce qu'il y ait une économie virtuelle activée par les monnaies numériques et les NFT et que le métavers aura un impact sur toutes les entreprises avec lesquelles les consommateurs interagissent au quotidien. Un chiffre a même été donné : d'ici à 2026, 30 % des organisations dans le monde auront des produits et services prêts pour le métavers.

Lorsque Gartner place une technologie sur sa courbe, elle lui donne un horizon de temps. Le métavers a été affublé d'un petit triangle (voir figure 2) qui signifie que le plateau de productivité ne sera pas atteint avant dix ans ou plus. Quand une technologie arrive sur ce fameux plateau, cela veut dire qu'elle a déjà convaincu de 20 à 30 % de son audience potentielle et que l'adoption de masse a débuté. Un timing sur lequel il est difficile d'argumenter tant le métavers dans sa forme actuelle donne l'impression d'avoir bien besoin de dix ans pour devenir une technologie de masse. Concernant la phase dans laquelle Gartner place le métavers, j'émettrais l'une ou l'autre réserve. Selon moi, le métavers est plus avancé qu'il n'apparaît sur la courbe, mais tout dépend comment est défini le métavers. Car la part existante du métavers a déjà connu ses premiers utilisateurs et suscité la curiosité d'autres, l'intérêt des médias du monde entier et les vagues de *bad buzz* et de mauvaise presse ont déjà commencé, avec comme exemple le plus récent les articles mettant en avant le peu d'utilisateurs actifs sur les différentes plates-formes[28]. Autant d'éléments qui devraient placer le métavers plus loin sur cette courbe à hauteur du « pic des attentes exagérées », si l'on suit la logique de Gartner.

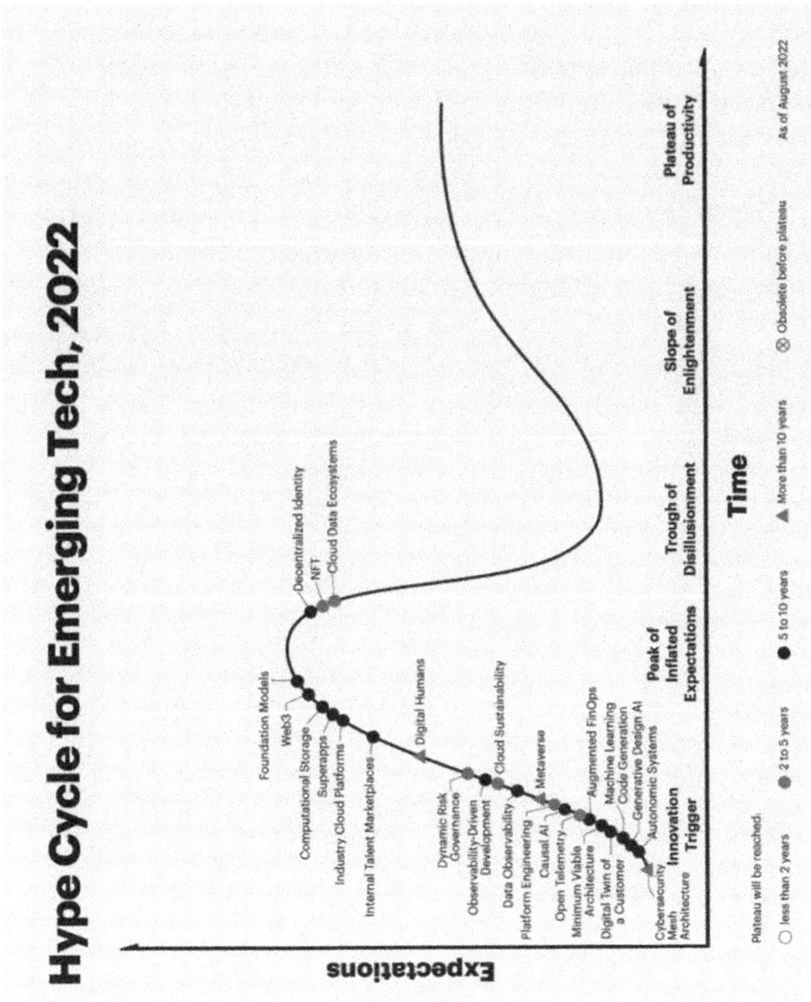

Figure 2. La courbe de Gartner pour les technologies émergentes[29].

La courbe de Gartner a le mérite de proposer certains éléments d'analyse d'un phénomène extrêmement volatile, mais il faut la prendre que pour ce qu'elle est : une prédiction. L'innovation est imprévisible par nature : prédire ce que va devenir une technologie émergente relève de la spéculation. Cette courbe a régulièrement été remise en cause, notamment par deux chercheurs de l'université de Stanford et de la Norwegian University of Science and Technology. Leurs conclusions, après avoir analysé la courbe d'un point de vue mathématique, sont que le modèle n'est pas valable et ne se vérifie pas systématiquement, mais aussi qu'il comporte de nombreuses imprécisions et biais méthodologiques. Selon eux, la courbe de Gartner, ou *Hype Circle*, ne permet pas de réaliser des prédictions fiables quant à la réussite ou l'échec d'une nouvelle technologie. On ne peut donc pas affirmer qu'elle modélise une trajectoire typique des innovations, mais seulement un itinéraire possible, parmi d'autres.

Épilogue

L'intime et le libre arbitre en question

Avec l'avènement d'Internet, des réseaux sociaux et des smartphones, les notions de vie privée, d'intime et de connexion permanente sont devenues des enjeux majeurs de notre quotidien sans que nous ayons pu prendre le temps de réfléchir à ce que nous voulions être, faire ou partager en ligne. Pour l'une des premières fois, nous pouvons anticiper l'arrivée d'une technologie qui a le potentiel de bousculer le peu de repères que nous avons sur notre rapport à la technologie et notamment sur les questions de vie privée, vie publique, d'anonymat, de double numérique et de droit à l'oubli. Il me paraissait donc important de prendre le temps de la réflexion, singulièrement sur la question de notre intimité. Je l'ai fait avec Laurent Hublet, philosophe, entrepreneur et CEO de BeCentral, le plus grand campus technologique d'Europe, situé à Bruxelles.

Parler de l'intime, c'est une autre façon, plus philosophique, d'aborder les notions de vie privée et de vie publique. Aborder ce concept, c'est surtout proposer une bonne base pour réfléchir à l'influence que les technologies ont sur nous, en tant qu'êtres humains. Mais, pour parler et réfléchir sur l'intime, il faut remonter le temps.

La réflexion sur l'intime est liée à celle sur l'espace public et surtout la place de l'espace public par rapport à la sphère privée. Cette dernière remonte à la Grèce antique. À l'époque où la philosophie et la démocratie font leurs débuts se pose la question de l'importance que doivent prendre la vie et l'espace publics dans la vie de la cité. L'idée de construire une vie collective avec en son cœur un espace central de discussion, l'agora, naît à cette époque. Déjà ici, il est possible de faire un parallèle avec la création des mondes virtuels du métavers qui tente d'organiser leur vie collective autour d'un forum central qui sert de point de rencontre.

Un petit saut dans le temps est nécessaire pour arriver à l'élaboration du concept d'intime en lui-même. Cette réflexion sur l'intime commence un peu avant la chute de l'Empire romain (476). La notion d'intime est une notion romaine, contrairement à la plupart des notions philosophiques qui sont généralement issues de la période grecque. Elle a été inventée par saint Augustin (354-430) qui lui donne corps à la fin de l'Antiquité et au début du christianisme, faisant office de pont entre ces deux périodes de l'Histoire.

Le mot vient du comparatif *Interior* et est donc un superlatif qui signifie « ce qui est le plus à l'intérieur de soi ». Dans la réflexion de saint Augustin, c'est un cheminement intérieur vers la quête de son lien à Dieu qui selon lui n'est pas collectif. Pour lui, l'intime et Dieu sont une seule et même chose. Le concept a donc été initialement inventé pour décrire une expérience religieuse et singulière. Saint Augustin est aussi derrière la notion de libre arbitre qu'il inventera pour répondre au questionnement sur le Mal et les désastres qui frappent les hommes. Pour synthétiser, Dieu ne veut que le bien, mais les hommes ont une capacité de décision propre qui peut provoquer le mal, c'est le libre arbitre.

Ces deux notions philosophiques sont profondément individualistes et liées, car, au-delà d'avoir été inventées par la même personne, elles sont le socle de la réflexion sur la capacité émancipatrice des individus.

Parler de l'intimité et de l'émancipation des individus dans un livre sur une potentielle révolution technologique peut être déconcertant, mais vous allez comprendre où je veux en venir. La notion d'intime a traversé les âges jusqu'à nous aider aujourd'hui à alimenter la réflexion des débats sur la place de la technologie et des intelligences artificielles. Elle est particulièrement intéressante, car il s'agit d'une notion graduelle. L'intime, on peut le voir comme une pierre qui tombe dans l'eau. On observe les cercles concentriques qui se forment. Les cercles représentent ce que l'on accepte de dévoiler, la pierre ce que l'on garde pour nous. La question personnelle à se poser étant de savoir ce qui est le plus à l'intérieur de nous et qui donc ne sera pas partagé. L'important étant de définir ce que l'on garde en soi, pas ce que l'on décide de partager. L'un définira l'autre, mais la réflexion sur l'intime est constitutive de qui nous sommes en tant qu'individus, ce qui n'est pas le cas pour le partage.

Au fil de notre vie, nous gagnons notre intimité sur nos parents, c'est ce qui fait qu'un enfant devient adulte. Un enfant n'a aucune intimité. La découverte de l'intime est une libération qui se construit pas à pas et est propre à chaque individu. Ce qui peut amener à la conclusion que sans intimité, il n'y a pas d'individu. Le droit à l'intimité nous permet d'être des individus, de la même manière que le libre arbitre est constitutif de l'individualité. Pourtant, la notion varie en fonction des cultures et c'est là que l'on retrouve son caractère graduel en fonction de chaque individu et de chaque culture et type d'éducation par lesquels il se construit.

C'est un questionnement permanent qui a été bousculé par l'arrivée des réseaux sociaux et qui le sera encore avec l'arrivée du métavers. Ce type de plate-forme numérique qui nous force à nous ouvrir aux autres et à nous dévoiler pose la question de l'adhésion ou non à ces technologies par la simple question de l'intime.

La montée en puissance de l'individualisme au cours des siècles, la découverte des possibilités de l'intime – décider de ce que l'on ne partage pas avec le collectif – et la naissance du libre arbitre ont permis l'émancipation de l'individu. Ces notions ont été centrales dans la construction du monde moderne que nous connaissons aujourd'hui. L'arrivée de technologies qui viennent questionner ces fondements de notre construction consiste-t-elle en un progrès qui nous conduit vers plus de modernité ou un progrès qui nous ramène à une situation proche du Moyen Âge avec une absence d'intime ? Est-ce que, au contraire, être forcé d'y réfléchir et de se rendre compte de la force de l'intime dans notre évolution ne serait-il pas une opportunité pour les individus et les sociétés ? Autant de questions dans un contexte de choc générationnel où la relation à l'intime est influencée par des codes technologiques et de communication qui repoussent les limites de l'intime comme jamais auparavant.

Pour sensibiliser à ces questions, la notion d'intime apparaît beaucoup plus pertinente que celle de vie privée. Le respect de la vie privée devrait devenir le respect de l'intime. Un simple changement sémantique qui signifierait que toutes les luttes autour de ces questions se font au nom de l'individu. L'opposition vie privée/vie publique renvoie à la vision grecque de la vie collective avec certains groupes comme les femmes et les esclaves qui doivent rester à la maison et n'ont pas le droit de faire partie de la vie publique. L'intime prend en compte chaque individu et est beaucoup plus pertinent pour aborder ces questions.

Ensuite, il faut déterminer ce que nous voulons préserver de l'intimité, en ce compris sa gradualité. Les technologies émergentes doivent laisser la possibilité à chacun de décider ce qu'il veut garder pour lui et ce qu'il veut bien partager en ligne avec le collectif. Le grand enjeu technologique aujourd'hui pourrait donc être de réussir à préserver l'intime des individus.

Mais le métavers n'est-il pas en ce sens moins intrusif dans notre intimité, puisque nous créons quasi une seconde identité lors de la création de notre avatar, l'équivalent d'un double numérique ? C'est une hypothèse qui devra se vérifier. Difficile à ce stade de déterminer comment nous agirons face à l'arrivée de cette technologie et ce qu'elle nous demandera comme concession sur notre intimité. Elle deviendra ce que nous voulons bien qu'elle devienne, car l'utilisateur aura toujours le dernier mot. Mais elle sera indubitablement une nouvelle étape dans les combats pour préserver le libre arbitre et l'intime.

Conclusion

Notre quotidien et nos vies ont profondément été impactés par l'ère numérique que nous vivons. En bien et en mal. Nous n'avons jamais eu un accès aussi simple à l'information. Nous n'avons à la fois jamais été aussi proches et aussi distants physiquement des personnes que nous fréquentons. Nos poches de jeans gardent les séquelles d'avoir transporté partout avec nous notre smartphone et on se dirige vers un monde physique où il sera le détenteur de tout et le lien avec tout. Notre identité, notre argent, nos amis, notre musique, nos repères spatio-temporels, nos photos, tout y est. Nous sommes à peine en train de digérer ce tout au numérique qui nous a envahis que l'on nous parle déjà de la prochaine révolution qui veut nous emmener dans des mondes virtuels pour y transposer ce qui restait de nos vies physiques. Le rejet est naturel. D'autant plus qu'à ce stade, lorsque l'on se demande à qui va profiter le métavers, le regard se tourne très vite vers des entreprises comme Meta ou Microsoft.

Pourtant, les exemples existent pour démontrer l'intérêt et le potentiel de cette révolution technologique. Que ce soit pour l'éducation, pour la formation, pour les entreprises, pour le sport et j'en passe, le métavers pourrait et devrait constituer une évolution numérique positive. Le problème, c'est que pour l'instant, on ne voit que les défis qui sont nombreux, les enjeux qui sont colossaux et les milliards qui sont investis dans cette révolution potentielle. Ce qui entraîne des questionnements légitimes sur la pertinence, le besoin réel et l'intérêt véritable du métavers. Le métavers aura de l'intérêt s'il est utile et profite aux utilisateurs. Le métavers aura également de l'intérêt, même s'il ne prend jamais la forme que l'on imagine actuellement, même s'il n'existe jamais réellement.

Car les défis technologiques, psychologiques et comportementaux qu'il propose nous feront avancer en tant que société et individus. Mon espoir est que l'annonce de l'arrivée d'une technologie aussi disruptive nous fasse réfléchir sur la place de la technologie dans nos vies. Il ne faut jamais oublier que la technologie doit rester un outil. Un outil au service de ses utilisateurs, pas de ses fabricants. C'est en la considérant comme telle que la vision utopique du métavers pourrait l'emporter sur celle plus dystopique qui nous est donnée à voir pour le moment.

À ce stade, le métavers ne semble pas convaincre grand monde. Les mondes proposés, en particulier celui de Meta, n'arrivent pas à convaincre les utilisateurs de rester. Dans le même temps, le jeu *Second Life*, que l'on peut considérer comme un pré-métavers, a une moyenne quotidienne de deux cent mille utilisateurs en provenance de deux cents pays. Cherchez l'erreur. L'erreur vient peut-être de l'interprétation qu'on fait certains, Mark Zuckerberg en tête, de ce que devraient être le métavers et notre futur technologique. Pourtant, il sait mieux que personne que le métavers devra répondre à un besoin des utilisateurs pour vivre. Trop souvent ces dernières années dans le secteur technologique, le mot « utilisateur » a été remplacé par le mot « consommateur ». Alors, cela peut paraître quelque peu utopique, mais la notion de décentralisation au cœur de l'émergence de la blockchain et du Web3, le nouvel Internet qui rendrait le pouvoir aux utilisateurs, devrait être remise au centre des questions portant sur le métavers.

Cet ouvrage n'avait en aucun cas l'objectif de convaincre qui que ce soit de la pertinence de cette technologie. Son but est informatif. Et l'information reste la clé du monde dans lequel nous vivons, tant qu'elle est fiable, vérifiée, sourcée, commentée avec nuance et exposée de façon complète au lecteur. L'idée était de donner les clés de compréhension et les pistes de réflexion aux lecteurs et aux lectrices pour leur permettre de jouer à armes égales face aux vagues d'innovations technologiques.

Je reste persuadé que l'ensemble des technologies liées au métavers, et le métavers en lui-même, s'il parvient à dépasser les obstacles technologiques inhérents à sa création et certaines barrières mentales, peut apporter énormément de choses positives, utiles et profondément révolutionner notre rapport à la technologie et donc nos sociétés. Car, qu'on le veuille ou non, nos sociétés sont technologiques. Nous allons irrémédiablement vers des sociétés et un quotidien encore plus technologiques qu'ils ne le sont déjà aujourd'hui. C'est pour cela qu'il est vital pour les individus que nous sommes de comprendre ces technologies qui émergent autour de nous pour les maîtriser, les appréhender, les façonner, les renier si nécessaire, pour qu'elles nous servent et ne nous asservissent pas dans une vision dystopique d'un futur digne d'un roman de science-fiction.

Bibliographie

BMW Group and NVIDIA Take Virtual Factory Planning to the Next Level, *BMW Group*, communiqué de presse, 13 avril 2021. En ligne : https://www.press.bmwgroup.com/global/article/detail/T0329569EN/bmw-group-and-nvidia-take-virtual-factory-planning-to-the-next-level?language=en

Connect 2021 : Our Vision for the Metaverse, *Tech at Meta*, 28 octobre 2021. En ligne : https://tech.fb.com/ar-vr/2021/10/connect-2021-our-vision-for-the-metaverse/

Les NFT s'immiscent dans le jeu de société, *Gus & Co*, 21 janvier 2022. En ligne : https://gusandco.net/2022/01/21/nft-jeux-exploding-kittens/

Mesure-t-on vraiment les enjeux du métavers ?, *France culture*, 4 février 2022. En ligne : https://www.radiofrance.fr/franceculture/podcasts/les-enjeux-des-reseaux-sociaux/mesure-t-on-vraiment-les-enjeux-du-metavers-6652234

PwC 2022 US Metaverse Survey, *PWC*. En ligne : https://www.pwc.com/us/en/tech-effect/emerging-tech/metaverse-survey.html

State of Fashion 2022 : An Uneven Recovery and New Frontiers, *McKinsey & Company*, 2021. En ligne : https://www.mckinsey.com/industries/retail/our-insights/state-of-fashion

Policing in the Metaverse : What Law Enforcement Needs to Know, an observatory report from the Europol Innovation Lab, *Europol*, Publications Office of the European Union, Luxembourg, 2022, p. 28. En ligne : https://www.europol.europa.eu/cms/sites/default/files/documents/Policing in the metaverse – what law enforcement needs to know.pdf

Vie et œuvres de Saint Augustin, *Les philosophes*. En ligne : https://www.les-philosophes.fr/auteur-saint-augustin.html

Anderson (J.) et Rainie (L.), The Metaverse in 2040, *Pew Research Center*, 30 juin 2022. En ligne : https://www.pewresearch.org/Internet/2022/06/30/the-metaverse-in-2040/

Ball (M.), *The Metaverse and Why It Will Revolutionize Everything*, New York, Liveright Publishing Corporation, 2022.

BELL (C.), The Metaverse Is Coming. Here Are the Cornerstones for Securing It, *Microsoft blog*, 28 mars 2022. En ligne : https://blogs.microsoft.com/blog/2022/03/28/the-metaverse-is-coming-here-are-the-cornerstones-for-securing-it/

BOREHAM (J.), What Is the Facebook & How Bright Is Its Future ? *The Metaverse Insider*, 28 juillet 2022. En ligne : https://metaverseinsider.tech/2022/07/28/facebook-metaverse/

CHAVANNE (Y.), Immersion, automatisation et optimisation au menu du Hype Cycle de Gartner, *ICT Journal*, 22 août 2022. En ligne : https://www.ictjournal.ch/articles/2022-08-22/immersion-automatisation-et-optimisation-au-menu-du-hype--cycle-de-gartner

CHEMINAT (J.), Expérience immersive, IA et cloud, au cœur du Hype Cycle de Gartner, *Le monde informatique*, 10 août 2022. En ligne : https://www.lemondeinformatique.fr/actualites/lire-experience-immersive-ia-et-cloud-au-coeur-du-hype-cycle-de-gartner-87657.html

CLINE (E.), *Ready Player One*, New York, Crown Publishing Group, 2011.

D'HIPPONE (A.), *Les confessions*, Paris, Mame, 2022 (Trésors spirituels).

DE VOS (J.), *Why Innovation Fails*, Louvain, LannooCampus, 2021.

DICK (P. K.), *The Collected Stories of Philip K. Dick*, San Francisco, Underwood-Miller, 1987.

ETX, Au Japon, plus de 3 000 étudiants ont fait leur rentrée scolaire dans le métavers, *Les numériques*, 18 avril 2022. En ligne : https://www.lesnumeriques.com/vie-du-net/au-japon-plus-de-3000-etudiants-ont-fait-leur-rentree-scolaire-dans-le-metavers-n180827.html

FRANK (R.), Metaverse Real Estate Sales Top $500 <million, and Are Projected to Double This Year, *CNBC*, 1er février 2022. En ligne : https://www.cnbc.com/2022/02/01/metaverse-real-estate-sales-top-500-million-metametric-solutions-says.html

HASELTON (T.), Facebook's $2 Billion Bet on Virtual Reality Looks Like One of Mark Zuckerberg's Rare Mistakes, *CNBC*, 11 octobre 2017. En ligne : https://www.cnbc.com/2017/10/11/facebook-2-billion-bet-on-oculus-not-paying-off-commentary.html

HEATH (A.), Meta's Flagship Metaverse App Is Too Buggy and Employees Are Barely Using It, Says Exec in Charge, *The Verge*, 7 octobre 2022. En ligne : https://www.theverge.com/2022/10/6/23391895/meta-facebook-horizon-worlds-vr-social-network-too-buggy-leaked-memo?scrolla=5eb6d68b7fedc32c19ef33b4

HORWITZ (J.), RODRIGUEZ (S.) et BOBROWSKY (M.), Company Documents Show Meta's Flagship Metaverse Falling Short, *The Wall Street Journal*, 15 octobre 2022. En ligne : https://www.wsj.com/articles/meta-metaverse-horizon-worlds-zuckerberg-facebook-internal-documents-11665778961

LAUSSON (J.), Métaverse de Facebook : que sait-on du projet de monde virtuel rêvé par Mark Zuckerberg ?, *Numerama*, 29 octobre 2021. En ligne : https://www.numerama.com/tech/748095-metaverse-monde-virtuel-de-facebook.html

MADIEGA (T.), CAR (P.) et NIESTADT (M.), Opportunities, Risks and Policy Implications, *European Parliamentary Research Service*, juin 2022. En ligne : https://www.europarl.europa.eu/RegData/etudes/BRIE/2022/733557/EPRS_BRI(2022)733557_EN.pdf

MARR (B.), The Future of Social Media in the Metaverse, *Forbes*, 24 août 2022. En ligne : https://www.forbes.com/sites/bernardmarr/2022/08/24/the-future-of-social-media-in-the-metaverse/?sh=2f4b9d4a1023

MILGRAM (P.) et KISHINO (F.), A Taxonomy of Mixed Reality Visual Display, *IEICE Transactions on Information and Systems*, vol. E77-D, n° 12, 25 décembre 1994, p. 1321-1329. En ligne : https://search.ieice.org/bin/summary.php?id=e77-d_12_1321

MURPHY (H.), Facebook Patents Reveal How It Intends to Cash in on Metaverse, *Financial Times*, 18 janvier 2022. En ligne : https://www.ft.com/content/76d40aac-034e-4e0b-95eb-c5d34146f647

MURPHY (H.), How Will Facebook Keeps Its Metaverse Safe for Users, *Financial Times*, 12 novembre 2021. En ligne : https://www.ft.com/content/d72145b7-5e44-446a-819c-51d67c5471cf

OLANOFF (D.), Mark Zuckerberg : Our Biggest Mistake Was Beting Too Much on HTLM5, *TechCrunch*, 11 septembre 2012. En ligne : https://techcrunch.com/2012/09/11/mark-zuckerberg-our-biggest-mistake-with-mobile-was-betting-too-much-on-html5/

PARK (G.), Epic Games Believes the Internet Is Broken. This Is Their Blueprint to Fix It, *The Washington Post*, 28 septembre 2021. En ligne : https://www.washingtonpost.com/video-games/2021/09/28/epic-fortnite-metaverse-facebook/

PARK (S.-M.) et YOUNG-GAB (K.), A Metaverse: Taxonomy, Components, Applications, and Open Challenges, *IEEE Access*, janvier 2022. En ligne : https://www.researchgate.net/publication/357596453_A_Metaverse_Taxonomy_Components_Applications_and_Open_Challenges

RIMOL (M.), Gartner Predicts 25% of People Will Spent At Least One Hour Per Day in the Metaverse by 2026, *Gartner*, 7 février 2022. En ligne : https://www.gartner.com/en/newsroom/press-releases/2022-02-07-gartner-predicts-25-percent-of-people-will-spend-at-least-one-hour-per-day-in-the-metaverse-by-2026

SAGAR (R.), Gaming, Movies And Architecture : How NVIDIA Omniverse Is Reshaping the World As We Know It, *Analytics India Mag*, 9 octobre 2020. En ligne : https://analyticsindiamag.com/nvidia-omniverse-games-architecture-pixar-usd/

SAMAIN (M.), Comprendre les NFT en 10 questions, *L'Écho*, 11 décembre 2021. En ligne : https://www.lecho.be/tech-media/technologie/comprendre-les-nft-en-10-questions.html

SCHWARTZ (J.), Out of a Writer's Imagination Came an Interactive World, *The New York Times*, 5 décembre 2011. En ligne : https://www.nytimes.com/2011/12/06/science/out-of-neal-stephensons-imagination-came-a-new-online-world.html

SEBBAHI (M.) et SAMAIN (M.), Métavers, tout ce qu'il faut savoir en 7 questions, *L'Écho*, 9 mai 2022. En ligne : https://www.lecho.be/entreprises/technologie/en-clair-metavers-7-questions-ce-quil-faut-savoir.html#qu-est-ce-que-le-metavers

SHAPIRO (E.), The Metaverse Is Coming. Nvidia CEO Jensen Huang on the Fusion of Virtual and Physical Worlds, *Time*, 18 avril 2021. En ligne : https://time.com/5955412/artificial-intelligence-nvidia-jensen-huang/

STEINERT (M.) et LEIFER (L. J.), Scrutinizing Gartner's Hype Cycle Approach, *Picmet 2010 Technology Management for Global Economic Growth*, août 2010, p. 1-13. En ligne : https://www.researchgate.net/publication/224182916_Scrutinizing_Gartner's_hype_cycle_approach

STEPHENSON (N.), *Le samouraï virtuel*, Paris, Robert Laffont, 1996.

WEISTROFFER (V.), Étude des conditions d'acceptabilité de la collaboration homme-robot en utilisant la réalité virtuelle, Thèse, *École doctorale sciences des métiers de l'ingénieur*, 11 décembre 2014. En ligne : https://www.theses.fr/2014ENMP0057

Notes

1 Stephenson (N.), *Le samouraï virtuel*, Paris, Robert Laffont, 1996.

2 Ball (M.), *The Metaverse and Why It Will Revolutionize Everything*, New York, Liveright Publishing Corporation, 2022 (traduction de l'auteur).

3 Ce passage est tiré de l'article Comprendre les NFT en 10 questions, publié le 11 décembre 2021 dans le journal *L'Echo*, édité par Mediafin. En ligne: https://www.lecho.be/tech-media/technologie/comprendre-les-nft-en-10-questions.html#qu-est-ce-qu-un-nft

4 *Ibid.*

5 Ce passage est tiré de l'article Comprendre les NFT en 10 questions, *op. cit.*

6 Basu (T.), The Metavers Has a Groping Problem Already, *MIT Technology Review*, 16 décembre 2021. En ligne: https://www.technologyreview.com/2021/12/16/1042516/the-metaverse-has-a-groping-problem/

7 Bell (C.), The Metaverse Is Coming. Here Are the Cornerstones for Securing It, *Microsoft blog*, 28 mars 2022. En ligne: https://blogs.microsoft.com/blog/2022/03/28/the-metaverse-is-coming-here-are-the-cornerstones-for-securing-it/

8 Policing in the Metaverse: What Law Enforcement Needs to Know, an observatory report from the Europol Innovation Lab, *Europol*, Publications Office of the European Union, Luxembourg, 2022, p. 28. En ligne: https://www.europol.europa.eu/cms/sites/default/files/documents/Policing in the metaverse - what law enforcement needs to know.pdf

9 François (C.), Basdevant (A.) et Ronfard (R.), Mission exploratoire sur les métavers, *Ministère de l'Économie des finances et de la Souveraineté industrielle et numérique*, octobre 2022. En ligne: https://www.economie.gouv.fr/files/files/2022/Rapport-interministeriel-metavers.pdf?v=1666681553

10 Birnbaum (E.), Meta Urges Washington to Take Hands-Off Approachto Regulating the Metaverse, *Bloomberg*, 2 décembre 2022. En ligne: https://www.bloomberg.com/news/articles/2022-12-02/meta-urges-washington-to-take-hands-off-approach-to-regulating-the-metaverse?srnd=technology-vp

11 Bowles (E.), Economic Opportunities in the Mertaverse: A Policy Approach, *Meta*, 2 décembre 2022. En ligne: https://about.fb.com/news/2022/12/economic-opportunities-in-the-metaverse/

12 Russell (K.), Mark Zuckerberg: Her's Why I Just Spent $2 billion on a Virtual-Reality Company, *Business Insider*. En ligne: https://www.businessinsider.com/zuckerberg-why-facebook-bought-oculus-2014-3

13 Hearing (A.), Meta's Horizon Worlds Quality Is So Poor, Not Even Employees Are Using It, Says VP in Leaked Memo, *Fortune*, 7 octobre 2022. En ligne: https://fortune.com/2022/10/07/metas-horizon-world-quality-poor-not-even-employees-using-says-metaverse-vp-leaked-memo/

14 *Ibid.*

15 Leroy (T.), 387.000 euros pour une poignée de curieux: la soirée métavers de la Commission européenne tourne au fiasco, *BFM TV*, 5 décembre 2022. En ligne: https://www.bfmtv.com/tech/actualites/metavers/387-000-euros-pour-une-poignee-de-curieux-la-soiree-metavers-de-la-commission-europeenne-tourne-au-fiasco_AV-202212050499.html - xtor=CS9-144-%5Btwitter%5D-%5BBFMTV%5D

16 Westfall (C.), Facebook CEO Zuckerberg Offers Provocative New Viewpoint on the Future of Work, *Forbes*, 6 février 2021. En ligne: https://www.forbes.com/sites/chriswestfall/2021/02/06/facebook-ceo-zuckerberg-offers-provocative-new-viewpoint-on-the-future-of-work/?sh=57dba3934c6f

17 Caulfield (B.), What is the Metaverse ?, *Nvidia*, 10 août 2021. En ligne: https://blogs.nvidia.com/blog/2021/08/10/what-is-the-metaverse/

18 PwC 2022 US Metaverse Survey, *PWC*. En ligne: https://www.pwc.com/us/en/tech-effect/emerging-tech/metaverse-survey.html

19 The Sandbox, le «métavers» qui vend des terrains virtuels aux marques, *France 24*, 1er juillet 2022. En ligne : https://www.france24.com/fr/info-en-continu/20220701-the-sandbox-le-métavers-qui-vend-des-terrains-virtuels-aux-marques

20 State of Fashion 2022: An Uneven Recovery and New Frontiers, *McKinsey & Company*, 2021. En ligne: https://www.mckinsey.com/industries/retail/our-insights/state-of-fashion

21 BHASIN (K.), Nike Jumps Into Metaverse with Virtual World on Roblox Platform, *Bloomberg*, 18 novembre 2021. En ligne: https://www.bloomberg.com/news/articles/2021-11-18/nike-jumps-into-metaverse-with-virtual-world-on-roblox-platform?leadSource=uverify wall

22 KLEINMAN (Z.), Tim Cook: "No Good Excuse" for Lack of Women in Tech, *BBC*, 27 septembre 2022. En ligne: https://www.bbc.com/news/technology-63033078

23 HUDDLESTON (T.), Apple CEO Tim Cook Doesn't Like the Metaverse–He Predicts a Different Technology Will Shape the Future, *CNBC*, 3 octobre 2022. En ligne: https://www.cnbc.com/2022/10/03/apple-ceo-tim-cook-doesnt-like-metaverse-prefers-augmented-reality.html

24 *Ibid.*

25 *Ibid.*

26 *Ibid.*

27 © 2022, Gartner.

28 Voir, par exemple, HORWITZ (J.), RODRIGUEZ (S.) et BOBROWSKY (M.), Company Documents Show Meta's Flagship Metaverse Falling Short, *The Wall Street Journal*, 15 octobre 2022. En ligne: https://www.wsj.com/articles/meta-metaverse-horizon-worlds-zuckerberg-facebook-internal-documents-11665778961

29 © 2022, Gartner.

Remerciements

Ce livre n'aurait jamais pu voir le jour sans le soutien inconditionnel de ma famille, à commencer par mon épouse Magali et ma fille Colette.

Un remerciement particulier à mon père, Thierry Samain, pour sa relecture attentive, ses conseils avisés et sa bienveillance, et à Laurent Hublet pour avoir nourri mes réflexions sur les enjeux de l'arrivée potentielle du métavers dans nos vies et d'avoir ouvert mon esprit sur notre rôle face à la technologie en tant qu'individus.

Enfin, merci à mon éditeur Thibault Léonard pour la confiance qu'il m'a témoignée en me confiant la rédaction de cet ouvrage.

À propos de l'auteur

Maxime Samain est né en 1988 à Bruxelles. Il est titulaire d'un master en journalisme et communication appliquée de l'IHECS (Haute école Galilée) à Bruxelles. Il a dirigé le magazine *Inside Digimedia* et le site d'information digimedia.be pendant plusieurs années avant de lancer et diriger les Digital Masterclass, un programme de formations au numérique et ses opportunités à destination des entreprises et la Brussels Digital Week, un événement international annuel rassemblant tous les acteurs du numérique de la capitale de l'Europe. Il est actif depuis 2019 au sein du quotidien économique de référence *L'Echo* en tant que journaliste et responsable de la rubrique consacrée aux nouvelles technologies.

Table des matières